Simone Lück-Hildebrandt
Michelle Beyer

Französisch

Grammatik

POCKET TEACHER

D1993373

Cornelsen
SCRIPTOR

Die Autorinnen:
Simone Lück-Hildebrandt unterrichtet Französisch an einem Gymnasium. Sie ist außerdem zuständig für die Ausbildung von Studienreferendaren.
Michelle Beyer ist Lehrerin für Französisch und Deutsch. Französisch ist ihre Muttersprache.

Gedruckt auf chlorfrei gebleichtem Papier
ohne Dioxinbelastung der Gewässer.

Die Deutsche Bibliothek – CIP-Einheitsaufnahme

Französisch / Simone Lück-Hildebrandt; Michelle Beyer.
– Berlin: Cornelsen Scriptor (Pocket Teacher)

Grammatik / Simone Lück-Hildebrandt; Michelle Beyer.
– 1. Aufl. – 1997
ISBN 3-589-21089-3

Dieses Werk berücksichtigt die Regeln der reformierten Rechtschreibung und Zeichensetzung.

6.	5.	4.	3.	2.✔	Die letzten Ziffern bezeichnen
02	01	2000	99	98	Zahl und Jahr des Drucks.

Redaktion: Maria Bley, Vaterstetten
Herstellung: Brigitte Bredow, Berlin
Umschlagentwurf: Vera Bauer, Berlin
Satz: FROMM MediaDesign GmbH, Selters/Ts.
Druck- und Bindearbeiten: Clausen & Bosse, Leck
Printed in Germany
ISBN 3-589-21089-3
Bestellnummer 210893

Inhalt

Vorwort

Liebe Schülerinnen, liebe Schüler!

Dieser handliche POCKET TEACHER bringt euch viele Vorteile: Er informiert knapp und genau. Regeln, Erklärungen, Beispiele, Tabellen – alles ist übersichtlich geordnet und leicht verständlich.

Auf Regeln und Merksätze weist dieses Zeichen hin.

Lerntipps weisen auf schwierigen Stoff und typische Fehler hin.

Ihr könnt die gewünschten Infos am schnellsten über das Stichwortverzeichnis am Ende jedes Bandes finden.
– Stichwort vergessen? Dann schaut ihr am besten ins Inhaltsverzeichnis und sucht im entsprechenden Kapitel nach dem Wort.

Im Text eurer POCKET TEACHER findet ihr viele farbige Pfeile. Diese verweisen auf andere Stellen im Buch, wo ihr weitere Informationen zum selben Thema findet.

Beispiel: (↗ 2.5, S. 17)

Der POCKET TEACHER Französisch erklärt die Grammatik, die ihr bis zur Klasse 10 braucht, und gibt außerdem viele nützliche Hinweise zur Rechtschreibung. Denn: Wer mit der Grammatik zurechtkommt, macht auch beim Schreiben weniger Fehler.

Beispielsätze am Anfang eines Abschnitts zeigen euch, was hier behandelt wird. Wichtig ist, sie genau zu lesen und richtig zu verstehen. Anschließend wird dann erklärt, worauf ihr besonders achten müsst, um diese Sätze fehlerlos zu bilden.

→ **Beachte:** Natürlich kann die POCKET TEACHER-Reihe ausführliche Schulbücher mit Übungen und Beispielen nicht ersetzen. Das soll sie auch nicht. Sie ist eure Merkhilfe-Bibliothek für alle Gelegenheiten, besonders für Hausaufgaben oder für die Vorbereitung auf Klassenarbeiten.

Wortarten

1 Nomen und ihre Begleiter

Les noms et leurs déterminants

Im Gegensatz zum Deutschen ist ein französisches Nomen entweder feminin oder maskulin. Ein sächliches Geschlecht gibt es im Französischen nicht.
Nomen – auch Substantive genannt – haben meist andere Wörter (Artikel, Possessivbegleiter, …) bei sich, die sie näher kennzeichnen. Diese nennt man „Begleiter".

1.1 Bestimmte und unbestimmte Artikel

① Sophie regarde **une** revue.
Daniel répare **un** vélo.
Paul écoute **des** chansons.
} unbestimmte Artikel

② Elle regarde **la** revue «Phosphore».
Il répare **le** vélo de Valérie.
Il écoute **les** chansons de Sting.
} bestimmte Artikel

An den Artikeln im Singular kann man das Geschlecht der Nomen erkennen. *La* bzw. *une* stehen vor femininen, *le* bzw. *un* vor maskulinen Nomen. Beginnt das Nomen jedoch mit einem Vokal oder einem stummen *h*, dann wird der bestimmte Artikel apostrophiert: *l'*.
Nicht näher bestimmte Nomen werden vom unbestimmten Artikel begleitet ①.
Genauer bestimmte Nomen werden vom bestimmten Artikel begleitet ②.

1.2 *de* + bestimmter Artikel

①	C'est la mère **de** Véronique.	
②	Voilà le directeur **du** collège.	de + le = du
	Voilà le professeur **de la** classe de Sophie.	
	C'est la maison **de l'**ami de Paul.	
	Voilà les élèves **des** classes 8a et 8b.	de + les = des
③	Véronique parle **du** camping.	

Wird ein Nomen durch einen Namen genauer bestimmt, dann verwendet man die Präposition *de* (ohne Artikel) ①.
Wird ein Nomen durch ein weiteres Nomen näher bestimmt, steht *de* mit bestimmtem Artikel ②. Dabei verschmelzen *de* + *le* zu *du* und *de* + *les* zu *des*.
Das Gleiche geschieht, wenn nach einem Verb oder einem Adjektiv die Präposition *de* folgt ③: *parler de, s'occuper de* oder *être content de, être fier de, …*

1.3 *à* + bestimmter Artikel

Sophie donne le cahier **au** professeur.	à + le = au
Il rend les tests **à la** classe.	
Patrick dit bonjour **à l'**animateur.	
Véronique montre des photos **aux** amis.	à + les = aux

Eine Reihe von Verben wird im Französischen mit der Präposition *à* gebildet.
Beispiele: *donner qc à qn; parler à qn.*

Folgt auf die Präpositon *à* der bestimmte Artikel, dann verschmelzen *à* + *le* zu *au* und *à* + *les* zu *aux*.
Vor Eigennamen steht auch hier kein Artikel.
Beispiel: *Véronique écrit à Rolf.*

Lerntipp: Am besten gewöhnst du dir gleich zu Beginn an, die betreffenden Verben zusammen mit der Präposition zu lernen.

1.4 Mengenangaben mit partitivem *de*

① Daniel prend **un kilo de** bananes.
Il prend aussi **300 grammes d'**olives
et **trois kilos de** tomates.

② Véronique achète **un paquet de** café.
Elle prend **une bouteille de** porto
et **deux morceaux de** gâteau.

③ Avez-vous **un peu de** sel?
Elle **n'**a **plus de** fraises.

Nach Mengenangaben verwendet man nur *de* (ohne Artikel). (↗ 2.5, S. 15)
Das Nomen steht nach *de* im Plural ① oder im Singular ②. Dasselbe gilt für Adverbien als Mengenangaben und Verneinungen (Nullmengen) ③.

2 Begleiter

Les déterminants

Begleiter sind Wörter, die das Nomen näher bestimmen. Wie im Deutschen gibt es verschiedene Begleiter: Artikel, Possessivbegleiter, Demonstrativbegleiter, Fragebegleiter, indefinite Begleiter. Das Französische hat darüber hinaus einen Begleiter, den es im Deutschen nicht gibt: den Teilungsartikel (↗ 2.5, S. 15).

2.1 Possessivbegleiter

	le chat (m), l'**amie** (f)		la voiture (f)	
je	**mon**	chat/amie	**ma**	voiture
tu	**ton**		**ta**	
elle/il	**son**		**sa**	
	les chats (m), les voitures (f)			
	mes	chats/voitures		
	tes			
	ses			
nous	**notre**	chat/voiture	**nos**	chats/voitures
vous	**votre**		**vos**	
elles/ils	**leur**		**leurs**	

Der Possessivbegleiter gibt an, wem etwas gehört oder zugehörig ist.
Er richtet sich im Singular – anders als im Deutschen – nach Geschlecht und Zahl des Nomens, bei dem er steht.

Beispiele:

Véronique cherche ***son*** *livre.*	Véronique sucht **ihr** Buch.
Daniel cherche ***son*** *livre.*	Daniel sucht **sein** Buch.
Elle cherche ***sa*** *revue.*	Sie sucht **ihre** Zeitschrift.
Il cherche ***sa*** *revue.*	Er sucht **seine** Zeitschrift.

Beginnt das Nomen hinter dem Possessivbegleiter mit einem Vokal, dann steht der Begleiter im Singular immer in der maskulinen Form (***son*** *amie*).
Bei mehreren Besitzern richtet er sich nur nach der Zahl des zugehörigen Nomens. Maskuline und feminine Formen sind hier gleich.

Beachte: Der Unterschied zwischen der Singular- und Pluralform von *leur* ist gesprochen meistens nicht zu hören.

Beispiele: *Voilà Véronique et Alain.*
Et voilà leur chien. Et voilà leurs chats.

Auch die Possessivbegleiter der Höflichkeitsform (*votre/vos*) richten sich nach der Zahl des Nomens.

Beachte: Anders als im Deutschen können im Französischen nicht zwei Possessivbegleiter vor einem Nomen stehen. In diesem Fall kann man wiederholen: *C'est ton livre ou son livre,* oder ein Possessivpronomen benutzen: *son livre ou le tien* (sein oder dein Buch).
(↗ 8.13, S. 50).

2.2 Der Fragebegleiter *quel*

Oh, regarde le manteau!	**Quel** manteau?	welcher
Voilà une très jolie cravate!	**Quelle** cravate?	welche
J'aime bien les pulls en laine!	**Quels** pulls?	welche
Tu vois les chaussures?	**Quelles** chaussures?	welche

Mit einem Fragebegleiter wird nach einem Nomen gefragt. Die Schreibweise des Fragebegleiters *quel* richtet sich in Geschlecht und Zahl nach dem zugehörigen Nomen.

Quel est ton disque?	**Quels** sont tes disques?
Quelle est ta cassette?	**Quelles** sont tes cassettes?

Der Fragebegleiter *quel* kann auch für das Subjekt eines Satzes stehen. In diesem Fall folgt nach einer Form von *quel* das Verb.
Auch hier richtet sich die Schreibweise nach dem Nomen, auf das sich der Fragebegleiter bezieht.

2.3 Der Demonstrativbegleiter *ce*

Regarde **ce** manteau (m) jaune!	diesen
Tu vois **cet a**norak (m) jaune?	diesen
Cette cravate (f) me plaît!	diese
J'aime bien **ces** pulls (m)!	diese
Et j'aime bien **ces** chaussures (f) grises!	diese

Ein Demonstrativbegleiter weist nachdrücklich auf Personen oder Sachen hin.
Auch die Schreibweise des Demonstrativbegleiters richtet sich nach dem zugehörigen Nomen.
Im Singular lautet die männliche Form vor einem Vokal oder stummem *h*: *cet* (*cet* ***a****mi, cet* ***h****omme*).
Im Plural gibt es für beide Geschlechter nur eine Form (*ces*).

2.4 Der unbestimmte Begleiter *tout*

Sophie a mangé **tout** le gâteau (m).	den **ganzen**
Paul a dormi **toute** la journée (f).	den **ganzen**
Il y a des solutions à **tous** les problèmes (m).	für **alle**
Il y a des tableaux dans **toutes** les classes (f).	in **allen**

Beim Gebrauch des indefiniten Begleiters *tout* muss geachtet werden auf:

- seine Bedeutung: *tout, toute* (ganz) – *tous, toutes* (alle),
- seine Stellung: *tout/toute – tous/toutes* + Artikel + Nomen und
- die Angleichung an Geschlecht und Zahl des zugehörigen Nomens.

Tout kann auch die Bedeutung von „alles" haben. Es steht dann ohne Artikel und Nomen und bleibt unverändert.

Beispiel: *Yves a* ***tout*** *compris.* Yves hat **alles** verstanden.

Beachte: Obwohl *tout le monde* im Deutschen oft mit „alle" übersetzt wird, steht es wie „jedermann" in der Einzahl, entsprechend dem Nomen *le monde*: *Tout le monde est là?*

2.5 Der Teilungsartikel

Pour faire un collage, il faut **du** papier, **de la** colle, **des** photos coupées dans **des** journaux et **de l'**imagination.
Va au marché et achète **des** tomates, **des** pommes, **du** fromage, **de la** confiture et **de l'**ail (Knoblauch).

Beim Teilungsartikel besteht die Vorstellung, dass von einer gesamten Menge ein Teil genommen wird.
Bei Dingen, die zählbar sind, steht der unbestimmte Artikel im Plural: *des*.
Bei Dingen, die nicht zählbar sind (Papier, Käse, Fantasie), steht der Teilungsartikel:
de + le = du, de + la = de la, de + l' = de l'.

①	J'ai **du** courage. J'ai **de la** force. J'ai **de l'**argent.	②	Yves fait **du** foot. Véronique fait **de la** natation.

Der Teilungsartikel wird auch bei abstrakten Begriffen ① benutzt, bei denen die Vorstellung eines unbestimmten Anteils besteht, sowie bei der Konstruktion *faire* + Aktivität ②.
Will man die Menge der jeweiligen Dinge oder das Ausmaß abstrakter Begriffe genauer bezeichnen, benutzt man Zahlwörter oder Mengenangaben (*un kilo de, peu de, …*). Im Unterschied zum Deutschen steht nach diesen Mengenangaben *de*. Ein Artikel entfällt hier. (↗ 1.4, S. 11)
Auch nach Verneinungen wie *ne … pas* und *ne … plus* steht nur *de*. Sie bezeichnen „leere Mengen“.
Ausnahme: In einem Satz mit *être* bleibt der Teilungsartikel auch nach der Verneinung erhalten.

Beispiel: *C'est* ***du*** *café?* *Non, ce n'est pas* ***du*** *café.*

③ **La salade** est bonne pour la santé.
Salat ist gut für die Gesundheit.

④ Moi, j'aime bien **la salade**. Non, je **n'**aime **pas la** salade, je préfère **les fruits**.
Ich mag **Salat** gerne. Ich mag **Salat** nicht, ich bevorzuge **Obst**.

Bei Verallgemeinerungen ③ und nach den Verben *aimer* und *préférer* ④ steht jedoch auch bei unbestimmten Mengen der bestimmte Artikel – und das auch bei der Verneinung.

⑤ Je bois le thé **sans lait**. Mais j'aime le café avec **du sucre**.

⑥ Après le sport, Sophie **a faim** et Daniel **a soif**. Valérie est seule à la maison, alors elle **a peur**.

Es gibt noch einige weitere Ausnahmefälle:

- Nach *sans* steht kein Artikel ⑤. Im Gegensatz dazu verlangt *avec* in der Regel den Teilungsartikel. (Ausnahme: *avec plaisir*)
- Bei *avoir faim*, *avoir soif*, *avoir peur* steht kein Artikel ⑥.

3 Verben
Les verbes

3.1 Konjugation

Infinitiv:		parler ①	aller ②	
1. Person	je	parl**e**	**vais**	Singular
2. Person	tu	parl**es**	**vas**	
3. Person	elle/il/on	parl**e**	**va**	
1. Person	nous	parl**ons**	all**ons**	Plural
2. Person	vous	parl**ez**	all**ez**	
3. Person	elles/ils	parl**ent**	**vont**	

Verben verändern ihre Form in Abhängigkeit vom zugehörigen Subjekt. Es gibt im Französischen regelmäßig ① und unregelmäßig ② konjugierte Verben.
Bei der Verneinung wird das jeweils konjugierte Verb von den Elementen der Verneinung (*ne … pas* = Verneinungsklammer) umschlossen. (↗ 1.5, S. 53)

Beispiele: *Elle* ***ne*** *rentre* ***pas*** *avant minuit.*
Ils ***ne*** *retrouvent* ***plus*** *le chemin.*

3.2 Die unpersönliche Verbform *il faut*

Il faut trouver une solution!
Allez, Valérie, **il faut** rentrer.
Jérôme, **il faut** ranger ta chambre.

Faut ist eine feststehende unpersönliche Verbform, die nur mit dem Personalpronomen *il* vorkommt.
Mit *il faut* kann man eine Aufforderung an jemanden richten. Sehr häufig steht danach ein Verb im Infinitiv.
Im Deutschen gibt man *il faut* am besten durch das Modalverb „müssen“ wieder.

3.3 **Der Imperativ** (Befehlsform)

Regarde.	Schau!
Regardons.	Schauen wir! / Lasst uns schauen!
Regardez.	Schaut! / Schauen Sie!
Ouvre.	Öffne!
Ouvrons.	Öffnen wir! / Lasst uns öffnen!
Ouvrez.	Öffnet! / Öffnen Sie!

Den Imperativ benutzt man um jemanden aufzufordern etwas zu tun. Für den Imperativ gibt es im Französischen drei Formen. Das Personalpronomen entfällt hier jeweils.

Die Endung des Imperativs im Singular entspricht bis auf ganz wenige Ausnahmen der Endung der 1. Person Singular.

Beachte: Der Imperativ Singular von *aller* bildet eine Ausnahme: *Va*. Geh!

In manchen Situationen wirkt der Imperativ zu direkt. Hier kann man auch andere Formulierungen wählen.
Beispiele: *Tu peux continuer? Il faut continuer. Est-ce que nous pouvons continuer? Et si on continuait? On continue?*

3.4 Reflexive Verben im Präsens

		Reflexivpronomen		Imperativ
Infinitiv:		**se**	reposer	
1. Person	je	**me**	repose	
2. Person	tu	**te**	reposes	repose-toi
3. Person	elle/il	**se**	repose	
1. Person	nous	**nous**	reposons	reposons-nous
2. Person	vous	**vous**	reposez	reposez-vous
3. Person	elles/ils	**se**	reposent	

Reflexive Verben haben ein Reflexivpronomen (rückbezügliches Fürwort) bei sich. Dieses gehört immer zur selben Person oder Sache wie das Subjekt des Satzes.
Der Imperativ der reflexiven Verben wird mit der betonten Form des Pronomens gebildet und mit Bindestrich angehängt.

Je **m'amuse** beaucoup en vacances.
Je **ne** me cache **pas**.

Im Gegensatz zum Deutschen steht das Reflexivpronomen im Französischen vor dem konjugierten Verb. Reflexivpronomen und konjugierte Verbform bilden eine unzertrennliche Einheit. Die Verneinung umschließt beide wie eine Klammer.

4 Infinitivkonstruktionen
Les constructions avec l'infinitif

(1. und 2. Lernjahr)

4.1 Infinitivergänzungen ohne Präposition

Tu **peux venir** chez moi ce soir?
Je **voudrais** bien, mais je ne **peux** pas **venir**.
Je **dois faire** attention à ma petite sœur.

Folgt auf ein Modalverb (*pouvoir*, *devoir*, *vouloir*, *savoir*) ein weiteres Verb, so steht das zweite Verb immer im Infinitiv. Die Verneinungsklammer umschließt die konjugierte Verbform, also das Modalverb.

Lerntipp: Leider sind die Modalverben unregelmäßig. Du musst ihre Formen also auswendig lernen. (↗ Tabelle unregelmäßiger Verben, S. 96)

J'**aime** bien **faire** du tennis,
mais je **préfère** encore **regarder** un film à la télé.

Die Verben *aimer faire qc* (gern etwas tun) und *préférer faire qc* (es vorziehen, etwas zu tun) drücken eine Neigung aus. Nach diesen Verben steht der reine Infinitiv ohne Präposition.

Beachte: Das Verb *préférer* ist in den endungsbetonten Formen (*nous*, *vous*) leicht unregelmäßig. (↗ Tabelle unregelmäßiger Verben, S. 96)

4.2 Infinitivergänzungen mit *de*

J'ai envie **d'aller** chez toi, mais malheureusement,
je n'ai pas le temps **de sortir**.

Es gibt im Französischen eine Reihe von Verben und Redewendungen, bei denen der Infinitiv durch die Präposition *de* angeschlossen wird. Hierzu gehören:

avoir besoin	*de faire qc*	etw. tun müssen	etw. zu tun
avoir envie		Lust haben	
avoir peur		Angst haben	
avoir le temps		Zeit haben	
être content		zufrieden sein	
être triste		traurig sein	
être dangereux		gefährlich sein	
essayer		versuchen	
proposer		vorschlagen	
rêver		davon träumen,	
oublier		vergessen	
décider		beschließen	
dire à qn		jemandem sagen	
être en train		gerade dabei sein	
venir		gerade etwas getan haben	

4.3 Infinitivergänzungen mit *à*

Pascal, tu as encore tes devoirs **à faire**.
Oui, oui, je commence **à** les **faire** tout de suite.

Bei manchen Verben wird der Infinitiv mit der Präposition *à* angeschlossen. Hierzu gehören:

aider	*à faire qc*	jdm. helfen	etw. zu tun
apprendre		lernen	
commencer		anfangen	
continuer		fortfahren	
inviter		einladen	
penser		daran denken,	
avoir qc à faire		etw. zu tun haben	

4.4 Infinitiv und Objektpronomen

Tu sais faire **l'exercice**, Paul?
Bien sûr, je sais **le** faire!

Pascal, tu n'oublies pas de faire **tes devoirs**?
Mais non, je viens de **les** faire.

Sophie doit écrire **à sa tante Louise**,
mais elle oublie toujours de **lui** écrire.

Das Objektpronomen (↗ 8.1 und 8.2, S. 37/38) steht immer vor dem Verb, auf das es sich bezieht. Wenn es sich – wie in den Beispielsätzen – auf den Infinitiv bezieht, steht das Objektpronomen vor dem Infinitiv und nicht vor dem konjugierten Verb.

(ab 3. Lernjahr)

4.5 Infinitivergänzungen ohne Präposition

Modalverben
Elle **ose parler** devant un grand public.

Verben der Bewegungsrichtung
Attends, je **viens** t'**aider**.

Verben des Denkens und Meinens
Avec son diplôme, il **espère trouver** du travail.

Verben der Willensäußerung und des Empfindens
Je **déteste écouter** la musique rap.

Verben der Wahrnehmung
Toute la nuit, on **entendait** le bébé **pleurer**.

Bei diesen fünf Verbgruppen wird der Infinitiv ohne Präposition angefügt.

4.6 Infinitivergänzungen mit *à*

Verb + *à* + Infinitiv
Je n'arrive pas **à ouvrir** cette boîte.
Je ne peux pas m'habituer **à travailler** la nuit.

Verb + direktes Personenobjekt + *à* + Infinitiv
On invite **M. Steiner à dîner**.

Verben + indirektes Personenobjekt + *à* + Infinitiv
Un bon professeur montre **aux élèves à trouver** les fautes eux-mêmes.

Die Verben, nach denen der Infinitiv mit *à* steht, lassen sich leider nicht so klar in Gruppen einteilen wie die Verben mit dem Infinitiv ohne Präposition.
Manche erfordern vor der Infinitivergänzung mit *à* ein direktes oder indirektes Personenobjekt.

4.7 Infinitivergänzungen mit *de*

Verben + *de* + Infinitiv
N'oublie pas **de fermer** le poste de télévision.
Vite, Aurélie, dépêche-toi **de terminer** tes devoirs!

Verben + direktes Personenobjekt + *de* + Infinitiv
Je ne peux pas empêcher **Christine de partir** seule.

Verben + indirektes Personenobjekt + *de* + Infinitiv
J'ai promis **à mes parents de rentrer** à 23 heures.

Auch manche Verben, nach denen der Infinitiv mit *de* steht, erfordern vor der Infinitivergänzung ein direktes oder indirektes Personenobjekt.

Lerntipp: Am besten prägst du dir den Infinitivanschluss gleich zusammen mit den betreffenden Verben ein.

4.8 Infinitivergänzungen nach bestimmten Präpositionen

① D'abord vous buvez «Brasilia». Ensuite vous commencez votre journée de travail.
Buvez «Brasilia» **avant de commencer** votre journée de travail.

② Vous prenez votre douche. Après vous prenez «Crémalie».
Utilisez «Crémalie» **après avoir pris** votre douche!

③ Vous ne voulez pas arriver trop tard? Prenez le métro!
Prenez le métro **pour** ne pas **arriver** trop tard!

④ Il est parti et il n'a pas laissé son adresse.
Il est parti **sans laisser** d'adresse.

Unter bestimmten Umständen ist es stilistisch eleganter, anstelle zweier Sätze nur einen Satz mit einer Infinitivergänzung zu bilden. Allerdings ist die Verbindung zweier Sätze nur unter folgenden Voraussetzungen möglich:

- Zwischen beiden Sätzen muss eine temporale ①/②, eine finale ③ oder eine modale ④ Beziehung bestehen.
- Beide Sätze müssen das gleiche Subjekt haben.
  Außerdem muss bei der Bildung dieser Sätze Folgendes beachtet werden:
- Nach *après* steht immer der Infinitiv Perfekt.
- Nach *sans* steht manchmal der Infinitiv Perfekt.
- Die Elemente der Verneinung stehen geschlossen vor dem Infinitiv ③.
- Nur *avant* wird von *de* begleitet. Auf *après*, *pour* und *sans* folgt der Infinitiv direkt.

5 Angaben des Ortes und der Zeit

5.1 Präpositionen des Ortes

Sophie est **à** la maison.	in, zu, an
Le chat est **dans** la cuisine.	in
Paris est **en** France.	in
Le bol de lait est **sur** la table.	auf
Le chat est **sous** la table.	unter
Les chaussures sont **derrière** le lit.	hinter
Valérie est **devant** la télé.	vor
La chaise est **entre** le lit **et** la télé.	zwischen … und
Daniel arrive **chez** les Genêt.	bei, zu
L'église est **à gauche de** la poste.	links von
Le café est **à droite de** l'hôtel.	rechts von
Le métro est **près du** collège.	nahe bei
Le terrain de sport est **à côté de** l'école.	neben
La piscine est **loin du** centre-ville.	weit von

Für die Präposition „in" gibt es im Französischen mehrere Möglichkeiten: *à*, *dans* und *en*. Die Präposition *à* besagt, dass jemand irgendwo innerhalb eines Raumes oder Ortes ist, die Präposition *dans* beschreibt den Ort genauer.

Beispiel: *Pierre est **à** la piscine.* Pierre ist (irgendwo) im Schwimmbad.
*Pierre est **dans** la piscine.* Pierre ist im Schwimmbecken.

En wird bei manchen Ländernamen und in Verbindung mit bestimmten Nomen (*en ville*) verwendet. (↗ 5.2, S. 25)
Einige Präpositionen erfordern ein *de*.

Lerntipp: Am besten du lernst bei jeder neuen Ortsbestimmung gleich mit, ob sie mit oder ohne *de* gebildet wird.

① La voiture de M. Leblanc **est devant la maison**.

② **Devant la maison, il y a** la voiture de M. Leblanc.

③ **A la piscine**, il y a un terrain de jeu.
A la piscine, il y a beaucoup de gens.
Aber: M. et Mme Picard sont **à la gare**.

Ortsbestimmungen stehen im Französischen meist am Satzende ①.
Steht die Ortsbestimmung jedoch am Anfang des Satzes, kann der Satz nicht mit *être* fortgesetzt werden. Man muss die Formel *il y a* benutzen ②.
Il y a wird bei Gegenständen und unbestimmten Personengruppen verwendet. Man vermeidet es jedoch bei bestimmten Personen ③. Die Ortsbestimmung steht dann am Satzende.

5.2 Länder- und Städtenamen und ihre Präpositionen

La Belgique, l'Italie, la Pologne, la Suède, la France, …

Je vais aller **en** Belgique.	Je viens **de** Belgique.
Moi, je vais **en** Italie.	Et moi, je arrive **d'**Italie.

le Portugal, les Pays-Bas, le Danemark, …

Nous allons **au** Portugal.	Nous venons **du** Portugal.
Jean part **aux** Pays-Bas.	Il rentre **des** Pays-Bas.

Die Mehrzahl der Ländernamen ist weiblich.
Nach den Verben *être*, *rester*, *aller*, *partir*, *voyager* steht
- bei weiblichen Ländernamen *en*,
- bei männlichen Ländernamen *au*/*aux*.

Nach den Verben (*re*)*venir*, *arriver*, *rentrer* steht
- bei femininen Ländernamen *de*/*d'*,
- bei maskulinen Ländernamen *du*/*des*.

Les Leblanc habitent **à** Paris.
Le grand-père de Sophie part **pour** Rouen.
Les grands-parents de Marie arrivent **de** Strasbourg.

Städtenamen haben in der Regel nur die Präposition und keinen Artikel bei sich – es sei denn, der Name der Stadt selbst ist bereits mit einem Artikel versehen wie bei *Le Mans, Le Havre, La Rochelle, …*

Beispiele: *Sophie rentre* ***de La*** *Rochelle.*
Daniel passe une semaine ***au*** *Mans.* (Verschmelzung!)

5.3 Präpositionen der Zeit

A une heure, les amis mangent chez Sophie.	um
Avant, il vont chercher leurs affaires de bain.	vorher
Pendant le déjeuner, ils s'amusent bien.	während
Après le déjeuner, ils prennent leurs sacs.	nach
Ensuite, ils vont à la piscine.	dann
D'abord, ils jouent au volley.	zuerst
Puis, ils nagent dans la piscine.	dann
Enfin, ils rentrent à la maison.	schließlich

Anders als die Präpositionen des Ortes stehen die Zeitpräpositionen meist am Anfang eines Satzes und werden mit einem Komma abgetrennt. Sie können aber auch am Ende des Satzes stehen.

Beispiel: ***A une heure****, les amis mangent chez Sophie.*
Les amis mangent chez Sophie ***à une heure****.*

5.4 Zeitangaben

Il est deux heures **dix**.	Es ist zehn nach zwei.
Il est deux heures **et quart**.	Es ist Viertel nach zwei.
Il est deux heures **et demie**.	Es ist halb drei.
Il est trois heures **moins dix**.	Es ist zehn vor drei.
Il est trois heures **moins le quart**.	Es ist Viertel vor drei.
Il est **midi**.	Es ist zwölf Uhr mittags.
Il est **minuit**.	Es ist zwölf Uhr nachts.

In der ersten Hälfte einer Stunde werden die Minuten zur vorhergehenden Stunde ohne Konjunktion hinzugefügt. Nur bei „Viertel nach" und bei der halben Stunde wird *et* dazwischengeschoben.

Beachte: Achte bei *demie* auf das *-e* am Ende.

In der zweiten Hälfte einer Stunde werden die Minuten von der nächsten vollen Stunde abgezogen und *moins* wird vorangestellt. Nur bei „Viertel vor" wird *le* ergänzt: *moins le quart.* Für zwölf Uhr mittags und nachts gibt es besondere Ausdrücke: *midi* und *minuit.*

A six heures et demie, Mme Leblanc prend sa douche.
A huit heures, elle va au travail, **à midi** elle revient.

Le matin, elle est au bureau.
L'après-midi, elle fait des courses.

Zur Bezeichnung eines genauen Zeitpunkts wird *à + … heure(s)* benutzt.
Zur Bezeichnung einer Zeitspanne werden die bestimmten Artikel *le*, *l'*, *la* verwendet. So verlangt „am" + Tageszeit (z. B. am Morgen) im Französischen keine Präposition, sondern nur den bestimmten Artikel: ***le** matin*.

Aujourd'hui c'est **lundi**.
Le lundi, on a cours de huit heures à deux heures.

In der Regel stehen die Wochentage *lundi, mardi, mercredi, jeudi, vendredi, samedi, dimanche* ohne Artikel.
Geht es aber um regelmäßige Aktivitäten (mittwochs, sonntags, …), dann wird der bestimmte Artikel benutzt.

6 Adjektive
Les adjectifs

6.1 Die Formenbildung

un film intéressant	une idée intéressant**e**
des films intéressant**s**	des idées intéressant**es**

Das Adjektiv richtet sich im Französischen in Geschlecht und Zahl nach dem Nomen, auf das es sich bezieht.
In den meisten Fällen lauten die Adjektivendungen:

maskulin Singular:	–	feminin Singular:	*e*
maskulin Plural:	*s*	feminin Plural:	*es*

Enden Adjektive schon in ihrer Grundform auf *-e*, sind die männlichen und die weiblichen Formen gleich.

Beispiele: *un village triste* — *une ville triste*
des villages tristes — *des villes tristes*

Enden Adjektive in ihrer Grundform auf *-s*, sind die männlichen Formen im Singular und Plural gleich.

Beispiele: *un boulevard gris* — *une rue grise*
des boulevards gris — *des rues grises*

Die Adjektive *orange*, *marron*, *bon marché*, *chic* bleiben in allen Formen unverändert.

Beispiele: *un sac orange* — *une tente orange*
des sacs orange — *des tentes orange*

6.2 Besondere Adjektivformen

	maskulin	feminin
Singular:	un vieux camion un **vieil a**norak	une vieille voiture
Plural:	des vieux camions des vieux anoraks	des vieilles voitures

Einige Adjektive haben im Maskulinum Singular zwei Formen. Beginnt das Nomen mit einem Vokal oder einem stummen *h*, werden im Maskulinum Singular besondere Formen verwendet. Dies gilt auch für:

*beau/**bel***	*belle*	*beaux*	*belles*
*nouveau/**nouvel***	*nouvelle*	*nouveaux*	*nouvelles*

	maskulin	feminin	
Singular:	blanc	blanche	weiß
	bon	bonne	gut
	gentil	gentille	nett
	cher	chère	lieb, teuer
	long	longue	lang
	fou	folle	verrückt
	heureux	heureuse	glücklich
	gros	grosse	dick
	faux	fausse	falsch

Eine ganze Reihe von Adjektiven haben eine maskuline und eine feminine Form, die du dir gleich von Anfang an gut einprägen solltest.
Endet die maskuline Singularform auf *-eux*, so endet die feminine Singularform auf *-euse*.
Endet die maskuline Singularform auf *-s* oder *-x*, fügt man dieser im Plural kein *-s* mehr an.

6.3 Stellung der Adjektive

un **grand** garçon	ein großer Junge
un **bel** anorak	ein schöner Anorak
une voiture **française**	ein französischer Wagen
un garçon **intelligent**	ein intelligenter Junge
des anoraks **rouges**	rote Anoraks

Anders als im Deutschen kann das Adjektiv im Französischen vor oder nach dem Nomen stehen.

- Vor dem Nomen stehen meist einsilbige Adjektive wie: *grand, petit, joli, bon.*
- Nach dem Nomen stehen meist mehrsilbige Adjektive und alle Farbadjektive. Diese Gruppe umfasst die Mehrzahl der französischen Adjektive.

6.4 Wechselnde Bedeutung bei Voran- und Nachstellung

Es gibt im Französischen eine Reihe von Adjektiven, die sowohl vor als auch hinter dem Nomen stehen können – je nach der Stellung ändert sich dann aber ihre Bedeutung.

chère Sophie liebe	une voiture **chère** teuer
un **ancien** collègue ehemalig	une locomotive **ancienne** alt
le **dernier** bus der letzte	l'année **dernière** das vorige
un **méchant** rhume schlimm	un chien **méchant** bösartig
un **pauvre** type bedauernswert	un pays **pauvre** arm
mon **propre** cahier mein eigenes	une serviette **propre** sauber
une **sale** affaire eine üble	une assiette **sale** schmutzig
une **seule** fois einzig	une personne **seule** einsam
un **vrai** problème ein regelrechtes	une histoire **vraie** wahr
différents pays verschieden	des pays **différents** unterschiedlich

Lerntipp: Am besten lernst du diese Adjektive gleich mit ihren unterschiedlichen Bedeutungen.

6.5 Steigerung der Adjektive

Véronique est sportive.	
Pour moi Sophie est **plus** sportive.	Komparativ
Mais non, Christine est **la plus** sportive.	Superlativ

Bei der Steigerung von Adjektiven unterscheidet man Komparativ und Superlativ:

- Mit dem Komparativ werden zwei Sachen oder Personen miteinander verglichen.
- Der Superlativ drückt die höchste Steigerungsform aus.

Bis auf die Angleichung an das jeweilige Subjekt verändert das Adjektiv seine Form bei der Steigerung nicht.

Sophie est **plus** sportive **que** Marie.	sportlicher
Marie est **moins** sportive **que** Jeanne.	weniger
Marie **n'**est **pas aussi** sportive **que** Sophie.	nicht so
Sarah est **aussi** sportive **que** Christine.	genauso

Der Komparativ wird also mit folgenden Elementen gebildet:

plus
moins
ne … pas aussi
aussi } + *que* + Adjektiv

Lediglich ein Adjektiv verändert sich im Komparativ vollständig: *bon, bonne* wird *meilleur,e* (besser).

Beispiel: *Frédo est **bon** en français, mais Marie est **meilleure**.*

①	Paris est **la plus grande** ville **de** la France.	die größte
	Beaune est **une des plus belles** villes **de** la France.	eine der schönsten
②	Paris est **la** ville **la plus intéressante**.	die interessanteste
	Le Maxime est **un des** restaurants **les plus chers de** Paris.	eines der teuersten

Beim Superlativ gibt es folgende Möglichkeiten:
le/la/les plus + Adjektiv + *de*,
un/une des plus + Adjektiv + *de*.
Die Voranstellung ① oder Nachstellung ② des Adjektivs wird auch in der Superlativform beibehalten. (↗ 6.3, S. 29/30)
Für den Superlativ der Adjektive *bon,ne* und *mauvais,e* gibt es eigene Formen:
bon,ne wird le meilleur/la meilleure/les meilleur(e)s,
mauvais,e wird le pire/la pire/les pires.

Beispiele: *Le café Flore est* ***un des meilleurs*** *cafés de Paris.*
Le sida (Aids) *est* ***une des pires*** *maladies.*

6.6 Adjektive mit Ergänzung

①	Paulette est **amoureuse de** Paul.	verliebt in
	Pierre est **étonné de** rencontrer Sophie.	erstaunt
②	Paulette est **fidèle à** Victor.	treu
	Il est **prêt à** payer une glace à son amie.	bereit zu
③	Pierre est **gentil avec** Sophie.	nett zu
	Paul est **sévère envers** sa petite sœur.	streng zu
	Pauline est **célèbre pour** son courage.	bekannt für
	Paul est **fort en** maths.	stark, gut in

Einige Adjektive können um eine Nominalgruppe oder eine Infinitivkonstruktion erweitert werden. Diese Ergänzungen werden mit einer Präposition angeschlossen.

- Bei den meisten Adjektiven, die eine Ergänzung bei sich haben, wird diese mit *de* angefügt ①.
- Bei manchen wird sie auch mit *à* angeschlossen ②.
- Bei Adjektiven, die ein Verhalten einer Person/einer Sache gegenüber beschreiben, wird die Ergänzung mit *avec*, *envers* oder *pour* angefügt, während die Präposition *en* zusammen mit dem Adjektiv *fort* steht ③.

Lerntipp: Wenn du neue Adjektive kennen lernst, merkst du sie dir am besten gleich mit der zugehörigen Präposition.

7 Adverbien

Les adverbes

Ein Adverb kann ein Verb (*elle parle* ***vite***), ein Adjektiv (*elle est* ***très*** *drôle*) oder auch andere Adverbien (*elle parle* ***trop*** *vite*) näher bestimmen.
Es gibt Adverbien der Zeit (z. B. *alors*), des Ortes (z. B. *ici*), der Menge/des Grades (z. B. *beaucoup/très*), der Art und Weise (z. B. *bien*).
Adverbien sind unveränderlich.

7.1 Die Stellung im Satz

Il parle **beaucoup**.	viel, sehr
Il reste **encore** des crêpes.	noch
Sophie parle **vite**.	schnell
Elle parle **trop** vite.	zu (schnell)
Valérie, rentre **tout de suite** du balcon!	sofort
Daniel travaille **bien** à l'école.	sehr, gut
Je <u>ne</u> suis <u>pas</u> **souvent** chez ma mère.	oft
Elle <u>est</u> **toujours** rentrée à 15 heures.	immer
J'<u>aime</u> **bien** écouter de la musique.	gerne, recht

Die meisten Adverbien haben ihren Platz nach dem konjugierten Verb.
Im verneinten Satz folgt das Adverb unmittelbar auf den Verneinungspartikel.
In zusammengesetzten Zeiten stehen sie nach der konjugierten Form von *aller*, *avoir* oder *être*.
Sie <u>können</u> hier aber auch hinter dem Partizip oder dem Infinitiv stehen.
Ausnahme: Die Adverbien *tard*, *tôt*, *avant*, *après* und *ensemble* müssen bei zusammengesetzten Zeiten hinter dem Partizip oder Infinitiv stehen.

Beispiele: *Après la soirée dansante, ils sont rentrés* ***tard****.*
C'était chouette, on pouvait jouer ***ensemble****.*

Maintenant, on va faire une boum.	nun
Alors, on y va?	also, nun
Tout à coup, j'entends un bruit.	plötzlich
Tu vois la blonde **là-bas**?	dahinten, dort

Adverbien der bestimmten Zeit oder des Ortes stehen dagegen meist am Anfang oder am Ende des Satzes.

Elle est **très** drôle.	sehr
Il est **bien** fatigué.	gerne, recht
On nous a servi ce plat **bien** chaud.	sehr, gut
Il est **peut-être** à la maison.	vielleicht
Peut-être qu'il est à la maison.	

Das Adverb *très* steht immer vor dem Adjektiv oder Adverb, zu dem es gehört.
Auch *bien* kann zu einem Adjektiv oder Adverb gehören und hat dann dieselbe Stellung.
Achtung bei *peut-être*! Hier wählt man am besten den Platz nach dem konjugierten Verb, denn bei der Anfangsstellung darf man auf keinen Fall das *que* oder *qu'* vergessen.

Curieusement, les cambrioleurs (Einbrecher) n'ont pas trouvé le coffre-fort.
Alors, ils sont partis sans rien faire.

Adverbien, die einen Satz näher bestimmen (*malheureusement*, …) oder Sätze verknüpfen (*puis*, *alors*, *tout à coup*, …), stehen am Anfang des Satzes und werden durch ein Komma abgetrennt.

7.2 Abgeleitete Adverbien

Il y a 80 ans, les trains étaient **lents**.
Ils allaient **lentement**.

Aujourd'hui, ils sont **rapides.**
On voyage **rapidement** avec le TGV.

Neben den einfachen oder „ursprünglichen" Adverbien gibt es auch solche, die von Adjektiven abgeleitet werden – man nennt sie darum auch „abgeleitete" Adverbien.
Die abgeleiteten Adverbien werden gebildet, indem man an die feminine Form des Adjektivs die Silbe *-ment* hängt. Ansonsten bleiben die Adverbien unverändert.

①	vr**ai**	vr**ai**ment
	pol**i**	pol**i**ment
	absol**u**	absol**u**ment
②	différ**ent**	différ**emment**
	suffis**ant**	suffis**amment**
③	énorme	énorm**é**ment
	précis,e	précis**é**ment
	profond,e	profond**é**ment

Eine Ausnahme bilden Adjektive, die in der maskulinen Form auf *-ai*, *-i* und *-u* enden ①. Sie bilden das Adverb auf der Basis dieser maskulinen Form.
Eine Ausnahme dieser Ausnahme: *gai,e* (lustig) → ***aie**ment*.
Weitere Ausnahme sind alle Adjektive, die auf *-ent* und *-ant* enden ②. Sie bilden das Adverb auf *-emment* und *-amment*.
Auch hier eine Ausnahme der Ausnahme: *lent,e* → *lentement*.
Bei Adjektiven wie *énorme*, *précis,e* und *profond,e* ③ wird aus dem *e* ein *é*.
Außerdem gibt es noch folgende Sonderformen:

gentil,le	*gen**ti**ment*	*grave*	*gr**iè**vement (gravement)*
bref, brève	*br**iè**vement*	*rapide*	*vite (rapidement)*

7.3 Adverbial gebrauchte Adjektive

acheter **français/anglais** …	(nur) französische/englische … Waren kaufen
parler **bas/fort/allemand** …	leise/laut/deutsch … sprechen
chanter **juste/faux**	richtig/falsch singen
sentir **bon/mauvais/fort**	gut/schlecht/stark riechen
coûter/acheter/payer **cher**	teuer sein/– kaufen/ – bezahlen
gagner **gros**	viel verdienen
marcher **droit**	aufrechtgehen
aller tout **droit**	geradeaus gehen/– fahren
travailler **dur**	hart arbeiten

In Verbindung mit bestimmten Verben übernehmen Adjektive die Rolle eines Adverbs. Genauso wie die Adverbien sind sie dann unveränderlich und stehen immer hinter dem zugehörigen Verb.

8 Pronomen

Les pronoms

Mit Hilfe von Pronomen lassen sich andere Wörter oder Wortgruppen ersetzen.

8.1 Direkte Objektpronomen

Tu prépares	**le café**?	Oui, je **le** prépare.
Tu répares	**la radio**?	Oui, je **la** répare.
Tu as acheté	**le journal**?	Oui, je **l'** ai acheté.
Tu cherches	**les photos**?	Oui, je **les** cherche.

Ein direktes Objekt (Akkusativobjekt: wen oder was?) ist eine Ergänzung, die unmittelbar (also direkt) nach dem Verb steht. Um das direkte Objekt durch ein Pronomen zu ersetzen, verwendet man die direkten Objektpronomen:

- *le* für maskuline Nomen im Singular,
- *la* für feminine Nomen im Singular oder
- *les* für maskuline und feminine Nomen im Plural.

Le und *la* werden vor einem Vokal zu *l'*.
Das direkte Objektpronomen hat seinen Platz in der Regel vor dem konjugierten Verb.

Tu **me** comprends?	mich
Je **te** cherche.	dich
Tu **nous** invites.	uns
Je **vous** cherche.	euch/Sie

Auch die direkten Objektpronomen der 1. und 2. Person Singular und Plural stehen vor dem konjugierten Verb. *Me* und *te* werden vor Vokal und stummem *h* apostrophiert.
Die Form des Verbs richtet sich natürlich weiterhin nach dem Subjekt des Satzes (*nous vous cherchons*).

Regarde ta chambre et range-**la** enfin!
Regarde-**nous** pour la photo!

Regarde-**moi**.
Lave-**toi**.

Als Ergänzung einer Befehlsform steht das direkte Personalpronomen hinter dem Verb. *Me* und *te* werden hier durch die unverbundenen Personalpronomen ersetzt. (↗ 8.3, S. 39)

Paul **ne** voit **pas** le bateau.
Paul **ne** le voit **pas**.

Die Verneinungsklammer umschließt neben dem konjugierten Verb auch das Objektpronomen.

8.2 Indirekte Objektpronomen

Tu montres le Louvre **à Frédéric**?
Oui, je **lui** montre le Louvre.
Tu racontes une histoire **à Claire**.
Oui, je **lui** raconte une histoire.
Tu donnes le journal **aux parents**?
Bon, je **leur** donne le journal.

Ein indirektes Objekt (Dativobjekt: wem?) ist eine Ergänzung, die mit den Präpositionen *à* oder *de* (also indirekt) nach dem Verb steht.
Um das indirekte Objekt durch ein Pronomen zu ersetzen, verwendet man die indirekten Objektpronomen:

- *lui* für maskuline und feminine Nomen im Singular (ihm/ihr),
- *leur* für maskuline und feminine Nomen im Plural (ihnen).

Auch das indirekte Objektpronomen hat seinen Platz in der Regel vor dem konjugierten Verb.

Beachte: Verwechsle das indirekte Objektpronomen *leur* nicht mit den Possessivbegleitern *leur* und *leurs.* (↗ 2.1, S. 12)

Tu **me** réponds?	mir
Je **te** réponds.	dir
Il **nous** offre un coca.	uns
Je **vous** raconte une histoire.	euch/Ihnen

Die indirekten Objektpronomen für die 1. und 2. Person Singular und Plural gleichen den entsprechenden Formen der direkten Objektpronomen.
Im Zusammenhang mit einer Befehlsform werden auch die indirekten Objektpronomen *me* und *te* durch *moi* und *toi* ersetzt: *Ecris-moi vite*.

Véronique **ne** téléphone **pas** à ses parents.
Véronique **ne** leur téléphone **pas**.

Die Verneinungsklammer umschließt neben dem konjugierten Verb auch das Objektpronomen.

8.3 Unverbundene Personalpronomen

- Qui est là? – C'est **moi**. ②
- Voilà un disque. Il est à **toi**? ④
- Le téléphone sonne. – C'est **elle**, peut-être. ②
- Ah, un disque de Renaud. Ce disque, tu es sûr que c'est de **lui**? ③

- Qui veut du champagne? – **Nous**! ①
- Pour **vous** j'ai du cidre. ③
- Ce sont **elles** qui ont fait ce gâteau? ②
- Non, ce sont **eux**, les garçons! ②

Die unverbundenen Personalpronomen *moi, toi, elle, lui, nous, vous, elles, eux* stehen im Gegensatz zu den verbundenen Personalpronomen *je, tu*, … nicht in unmittelbarer Verbindung mit einem Verb.
Sie werden in folgenden Fällen verwendet:
① – in Äußerungen ohne Verb,

② – nach *c'est/ce sont,*
③ – nach Präpositionen (*de*, *pour*, …),
④ – in Verbindung mit *être à*, um ein Besitzverhältnis oder eine Reihenfolge auszudrücken.
Auch wenn eine Person hervorgehoben werden soll, stellt man das unverbundene Personalpronomen voran: *Lui, il est pilote.*
Im Deutschen gibt es keine besondere Form für die unverbundenen Personalpronomen. Die Hervorhebung ist hier nur durch Betonen möglich: Ich bin Hugo.

8.4 Die Relativpronomen *qui*, *que* und *dont*

Valérie est une petite fille. Elle a les cheveux roux.

Valérie est une petite fille **qui** a les cheveux roux.

Mit dem Relativpronomen *qui* lassen sich unabhängige Hauptsätze zu einem Satzgefüge verbinden, das aus einem Hauptsatz und einem Nebensatz (hier: ein Relativsatz) besteht. In diesem Relativsatz ist *qui* das Subjekt. Es vertritt Personen und Sachen aus dem Hauptsatz und muss unmittelbar neben seinem Bezugswort stehen (hier: *une petite fille*).
Das Relativpronomen *qui* ist unveränderlich und wird auch vor einem Vokal nicht apostrophiert.

Beachte: Im Französischen steht zwischen Haupt- und Nebensatz kein Komma!

Valérie fait sonner le réveil de son frère à trois heures du matin. Elle aime bien faire des farces.

Valérie, **qui** aime bien faire des farces (Streiche), fait sonner le réveil de son frère à trois heures du matin.

Der Nebensatz (Relativsatz) kann aber auch eingeschoben werden. In diesem Fall wird er durch zwei Kommas abgetrennt.
Dabei muss das Relativpronomen *qui* im neuen Satzgefüge neben seinem Bezugswort stehen (hier: *Valérie*).

Gilles est un animateur **que** Véronique aime beaucoup.

Auch das Relativpronomen *que* leitet Nebensätze ein.
Anders als *qui* ist *que* im Relativsatz nicht Subjekt, sondern direktes Objekt (wen oder was?) – ein Subjekt ist im Nebensatz bereits vorhanden (hier: *Véronique*).
Auch *que* vertritt Personen und Sachen aus dem Hauptsatz.

Beachte: Vor einem Vokal und stummem *h* wird *que* apostrophiert: *C'est le bateau* ***qu'****ils ont acheté.*

La France est un pays attachant. J'aurai toujours besoin de ce pays.
La France est un pays attachant **dont** j'aurai toujours besoin.

Simon est un excellent élève. Nous ne nous sommes jamais plaints de Simon/de lui.
Simon est un excellent élève **dont** nous ne nous sommes jamais plaints.

Das Relativpronomen *dont* vertritt eine Ergänzung mit *de*.

8.5 Die Hervorhebungen *c'est ... qui* und *c'est ... que*

C'est moi **qui** ai téléphoné.
C'est nous **qui** passons vous prendre.
Ce sont elles **qui** téléphonent tout le temps.

① **C'est** Daniel **que** j'ai vu.
② **C'est** à Rolf **que** Véronique écrit.
③ **C'est** à cause du bus **que** Sophie est en retard.
C'est là **que** nous habitons.
C'est hier **qu'**il est arrivé.
④ **Ce sont** les abricots **que** nous avons pris au marché.

Sollen im Französischen einzelne Satzglieder hervorgehoben werden, so bedient man sich der Wendungen *c'est … qui* oder *c'est … que*. Im Deutschen wird das entsprechende Satzglied nur durch Betonung hervorgehoben.
C'est … qui wird benutzt, wenn das Subjekt hervorgehoben werden soll. Das Verb richtet sich hierbei nach dem Subjekt, das durch *c'est … qui* hervorgehoben wird.
Auch bei der 1. und 2. Person Plural benutzt man *c'**est** nous qui …*, *c'**est** vous qui*, nur in der 3. Person Plural heißt es *ce **sont** les enfants qui …*
C'est … que hebt das direkte Objekt (wen oder was?) ①, das indirekte Objekt (wem?) ② oder eine adverbiale Bestimmung ③ hervor. Auch hier wird nur für die 3. Person Plural *ce **sont** … que* verwendet ④.

8.6 Die Relativpronomen

Relativpronomen haben eine doppelte Funktion:
Sie verbinden einen Hauptsatz und einen Nebensatz miteinander. Dabei ersetzen sie im Nebensatz (hier: Relativsatz) das Nomen oder Pronomen des Hauptsatzes, auf das sie sich beziehen (das sogenannte Bezugswort).

Relativ-pron.	Funktion	Beispiel
qui	Subjekt	C'est bien l'<u>acteur</u> **qui** a joué dans Trombinateur? C'est bien <u>lui</u> **qui** a joué dans Trombinateur? C'est une belle <u>plage</u> **qui** est à la mode.
que	direktes Objekt	Ces <u>personnes</u> **qu'**il a vues n'étaient pas ses parents. Le <u>film</u> **que** tu m'as conseillé est vraiment nul!

Relativpron.	Funktion	Beispiel
dont	Ergänzung mit *de*	Ils ont un fils brillant **dont** ils sont fiers. C'est un voyage **dont** je rêve depuis longtemps.
où	Orts-/Zeitangabe	Montre-moi la <u>maison</u> **où** tu as grandi. C'est le <u>jour</u> **où** il est venu.

Die einfachen Relativpronomen *qui*, *que* und *dont* sind unveränderlich. Sie gelten für männliche sowie weibliche Substantive im Singular und Plural und beziehen sich sowohl auf Personen als auch auf Sachen. Auch das adverbiale Relativpronomen *où* ist unveränderlich.

8.7 Das Adverbialpronomen *y*

①	Nicole est **en France**. Elle est **à la M.J.C**. Elle **y** est.	dort
	Le chat n'est pas **sur le balcon**. Il n'**y** est pas.	dort
	Rolf va **à Berlin**. Il **y** va.	dorthin
②	Je réfléchis **au test de maths**. J'**y** réfléchis.	darüber (nachdenken)

Das Pronomen *y* vertritt adverbiale Ortsbestimmungen mit den Präpositionen *à, en, derrière, dans, sur,* … ①.
Es bedeutet dann „dort“ oder „dorthin“, drückt also einen Standpunkt oder eine Richtung aus.

Darüber hinaus ersetzt *y* auch präpositionale Ergänzungen mit *à* ②, vertritt hier allerdings nur Sachen und keine Personen. Wie die anderen Objektpronomen steht *y* vor dem konjugierten Verb. In der Verneinung wird es zusammen mit dem Verb von der Verneinungsklammer umschlossen.
Wird eine Ortsbestimmung zusammen mit einer Person gebraucht, darf *y* nicht verwendet werden, denn es steht nie für Personen. In diesem Fall benutzt man die unverbundenen Personalpronomen.

Beispiel: *Je vais **chez Pierre**.* *Je vais **chez lui**.*

Beachte: Im Zusammenhang mit dem Imperativ musst du wegen des „Wohlklangs" an *va* ein *s* anhängen: *Vas-y*.

8.8 Das Adverbialpronomen *en*

	de Toulouse.	
Il revient	**de la M.J.C**.	
	du cinéma.	
	d'Italie.	
Il	**en**	revient.

Das Pronomen *en* vertritt Ortsbestimmungen mit *de*, die die Herkunft ausdrücken.
Auch *en* steht vor dem konjugierten Verb und wird von der Verneinungsklammer mit umschlossen.
Und auch *en* darf nicht im Zusammenhang mit einer Person verwendet werden. Hier benutzt man die unverbundenen Personalpronomen.

Beispiel: *Sophie vient de **chez Hugo**.*
*Elle vient **de chez lui**.*

① Tu veux encore **du fromage blanc**?
Oui, j'**en** veux bien.
Tu as encore **des timbres**?
Oui, j'**en** ai trois.

② J'ai pris deux kilos **de tomates**.
J'en ai pris deux kilos.
Nous n'avons plus **de jus d'orange**.
Nous n'**en** avons plus.

③ J'ai **trois cassettes de «Porte 53»**.
J'en ai trois.

④ Il a très envie **de gâteaux**.
Il **en** a très envie.

Das Adverbialpronomen *en* ersetzt nicht nur Ortsbestimmungen mit *de*.
En vertritt auch:

- unbestimmte Mengenbezeichnungen mit Teilungsartikel oder den unbestimmten Artikel Plural + Nomen ①,
- Mengenangaben mit partitivem *de* + Nomen ②,
- Zahlwörter + Nomen ③,
- präpositionale Ergänzungen mit *de* ④.

En steht aber immer nur für Sachen und nicht für Personen! Bei Personen nimmt man die unverbundenen Personalpronomen.

Beispiel: *Véronique parle souvent* ***de ses amis****.*
Elle parle souvent ***d'eux****.*

8.9 Die neutralen Pronomen *ce que* und *ce qui* im Fragesatz

Qu'est-ce que les amis ont acheté au marché?
Was?
Ils ont acheté **des fleurs**.
direktes Objekt

Qu'est-ce qui t'intéresse dans le volley?
Was?
L'esprit de l'équipe m'intéresse.
Subjekt

Mit *qu'est-**ce que*** fragt man nach Sachen, Tätigkeiten, Ereignissen, Aussagen, die das <u>direkte Objekt</u> des Satzes bilden.
Mit *qu'est-**ce qui*** fragt man dagegen nach Sachen, Tätigkeiten, …, die das <u>Subjekt</u> des Satzes bilden.
Im Deutschen werden diese beiden Fragen mit „Was …?" eingeleitet. Im Französischen muss man jeweils überlegen, ob nach dem Subjekt oder dem direkten Objekt gefragt wird.

direkte Frage	indirekte Frage
Qu'est-ce que les amis ont acheté?	Elle a demandé **ce que** les amis ont acheté.
Qu'est-ce qui t'intéresse dans le volley?	Je me demande **ce qui** t'intéresse dans le volley.

Bei der Umwandlung der direkten Frage nach Sachen, Tätigkeiten, … in eine indirekte Frage bleiben *ce que* und *ce qui* erhalten. Sie leiten dann die indirekte Fragen ein. Auslöser für die indirekte Fragen können sein: *(se) demander, s'interroger, ne pas savoir, se poser la question, vouloir savoir,* …
Wird im indirekten Fragesatz jedoch nach einer Person gefragt, so benutzt man das Pronomen *qui* – gleichgültig ob *qui* Subjekt (wer?) oder direktes Objekt (wen?) ist.

Beispiele:

*<u>Qui</u> **est-ce qui** est venu?* — *Elle se demande **qui** est venu.*
*<u>Qui</u> **est-ce que** tu as vu?* — *Elle se demande **qui** tu as vu.*

8.10 Die neutralen Pronomen *ce qui* und *ce que* im Relativsatz

Hauptsatz	Relativsatz		
Raconte-moi,	**ce qui** Subjekt	s'est passé.	(was)
Je ne comprends pas	**ce que** dir. Objekt	<u>tu</u> as dit. Subjekt	(was)

Die Relativpronomen *qui* und *que* leiten Relativsätze ein, wenn Personen und Sachen gemeint sind. (↗ 8.6, S. 42) Auch die neutralen Pronomen *ce que* und *ce qui* leiten Relativsätze ein, jedoch nur wenn Sachen, Tätigkeiten, … gemeint sind. Im Deutschen werden beide Pronomen mit „was …?“ übersetzt. Um zu entscheiden, welches Pronomen wann eingesetzt wird, können folgende Überlegungen hilfreich sein:

- Ist im Relativsatz kein weiteres Subjekt vorhanden, dann wird *ce qui* (Subjekt) verwendet.
- Ist im Relativsatz bereits ein Subjekt vorhanden, dann darf kein weiteres eingesetzt werden. In diesem Fall muss *ce que* (direktes Objekt) verwendet werden.

Voilà le jeu	**qui** plaît aux jeunes.
Voilà la poupée	**que** j'ai achetée à Marion.
Je ne vois pas	**ce qui** plaît aux jeunes dans ce jeu.
Je ne sais pas	**ce que** nous pouvons offrir à Marion.

Während die Relativpronomen *que* und *qui* immer nach ihrem Bezugswort stehen (↗ 8.4, S. 40), haben *ce qui* und *ce que* kein nominales Bezugswort bei sich – im Hauptsatz steht also kein Nomen, das sie aufgreifen. Sie beziehen sich immer auf etwas Unbestimmtes und werden deshalb auch „neutrale Relativpronomen“ genannt. *Ce que* und *ce qui* können auch am Anfang eines Satzgefüges stehen.

Beispiele: ***Ce que*** *tu dis, est idiot.*
Ce qui *m'intéresse, c'est les romans policiers.*

8.11 Indefinite Pronomen

Aucun ami **ne** m'a répondu.	indefiniter Begleiter
Aucun ne m'a répondu.	indefinites Pronomen
Toutes tes sœurs sont venues?	indefiniter Begleiter
Oui, **chacune** est venue.	indefinites Pronomen

Während indefinite Begleiter vor einem Nomen stehen, vertreten indefinite Pronomen ein Nomen oder eine Nominalgruppe. Auch die indefiniten Pronomen richten sich in Geschlecht und Zahl nach dem Bezugswort, das sie vertreten.
Ausnahme: *Plusieurs* bleibt wie ein Zahlwort unverändert.
Einige indefinite Pronomen können auch von einem angeschlossenen Substantiv oder Pronomen näher bestimmt werden.

Beispiele: ***Chacune*** *de mes copines a déjà un petit ami.*
… ***Aucune*** *d'entre elles ne doit être rentrée à 22 heures.*

Auf einige indefinite Pronomen kann *de* + Adjektiv folgen.

Beispiele: *J'ai vu* ***quelque chose*** *de chic.*
C'est ***quelqu'un*** *de très sympathique.*

Hier die häufigsten indefiniten Pronomen:

on	man	*certain,e,s*	manche
quelqu'un	jemand	*chacun,e*	jede,r Einzelne
quelque chose	etwas	*plusieurs*	mehrere
tout	alles	*la plupart*	die meisten
(ne …) rien	nichts	*(ne …) personne*	niemand
n'importe quoi	irgendetwas	*(ne …) nul,le*	keine,r
n'importe qui	irgendjemand	*le, la même*	der-, dieselbe
tous, toutes	alle	*autre chose*	etwas anderes

Subjekt		
Chacun	aidera maman pendant les vacances.	
N'importe qui	peut entrer si tu ne fermes pas la porte.	
		Objekt
Réfléchis! Tu dis		**n'importe quoi**.
Je n'aime pas que tu parles		**à n'importe qui**.

Das indefinite Pronomen kann Subjekt des Satzes sein. In diesem Fall steht es vor dem konjugierten Verb.
Es kann aber auch direktes oder indirektes Objekt sein.

.12 Demonstrativpronomen

Je cherche <u>un chapeau</u>.
Regarde, **celui-là** est joli.
Tu préfères <u>quelle robe</u>?
Celle-ci ou **celle-là**?
J'aime bien <u>ces sacs</u> à 300 F.
Moi, je préfère **ceux à** 500 F.
Si tu n'as pas <u>tes clés</u>,
prends **celles de** Pierre.
Elles sont très bonnes, <u>ces crêpes</u>.
Celles que j'ai mangées hier étaient meilleures.

Während die Demonstrativbegleiter *ce/cet, cette, ces* immer in Verbindung mit einem Nomen stehen (***Ce*** *<u>livre</u> m'intéresse.*), vertreten die Demonstrativpronomen *celui, celle, ceux, celles* ein bereits erwähntes oder bekanntes Nomen oder eine Nominalgruppe.
Auch sie richten sich in Geschlecht und Zahl nach dem Bezugswort, das sie vertreten.
Anders als das deutsche diese/dieser können die französischen Demonstrativpronomen *celui, celle, ceux, celles* nicht alleine stehen. Sie werden vervollständigt durch

- *-ci* oder *-là* (z. B. *celui-ci* oder *ceux-là*),
- eine Ergänzung mit den Präpositionen *de* und *à* (z. B. *celle de* … oder *celles à* …) oder auch durch
- einen Relativsatz (z. B. *celles que* …).

C'est très intéressant.
Est-ce que tu as lu **ceci**?
Cela (ça) m'intéresse beaucoup.

Die neutralen Formen *ce/c', ceci* und *cela* (*ça*) können dagegen ohne Ergänzung stehen. *Ça* ist eine Kurzform von *cela*, die vorwiegend in der gesprochenen Sprache verwendet wird.

8.13 Possessivpronomen

C'est ton parapluie?	
Oui, c'est **le mien.**	meiner
C'est ta bicyclette?	
Oui, c'est **la mienne.**	meines

Während die Possessivbegleiter (*mon, ton, …*) immer vor einem Nomen stehen, ersetzen die Possessivpronomen eine bereits genannte Nominalgruppe, die aus Possessivbegleiter + Nomen besteht.
Possessivpronomen stehen immer mit dem bestimmten Artikel.
Die Form des Possessivpronomens richtet sich
- nach dem Besitzer und
- nach Geschlecht und Zahl des Nomens, auf das es sich bezieht (*mon parapluie* [maskulin Singular] → *le mien*, *ma bicyclette* [feminin Singular] → *la mienne*, …).

Die Formen der Possessivpronomen sind:

Besitzer	bezeichneter Besitz mask. /fem. Singular	 mask. /fem. Plural
je	*le mien/la mienne*	*les miens/les miennes*
tu	*le tien/la tienne*	*les tiens/les tiennes*
elle/il	*le sien/la sienne*	*les siens/les siennes*
nous	*le nôtre/la nôtre*	*les nôtres*
vous	*le vôtre/la vôtre*	*les vôtres*
elles/ils	*le leur/la leur*	*les leurs*

Je donne des légumes **à mon chien**.
J'en donne aussi **au mien**.

Tiens, une lettre **de mes parents**!
Moi, je suis sans nouvelles **des miens**.

Nach den Präpositionen *à* und *de* wird der bestimmte Artikel mit diesen zusammengezogen.

Satzarten und Satzteile

1 Der Aussagesatz
La phrase déclarative

1.1 Die Satzelemente

Subjekt	Prädikat	Ergänzung
Daniel	**dort**.	
Véronique	**cherche**	son chat.
Il	**habite**	à Rouen.

Ein Aussagesatz besteht aus Subjekt und Prädikat. Er enthält meist auch Ergänzungen (Objekte, adverbiale Bestimmungen).

1.2 Direktes und indirektes Objekt

Subjekt	Prädikat	direktes Objekt (*qc*)	indirektes Objekt (*à qn*)
Véronique	fait	**ses devoirs**.	
Elle	cherche	**Paul**.	
Daniel	parle		**à Sophie**.
Il	donne	**son stylo**	**à Marie**.
		wen oder was?	wem?

Wie im Deutschen wird auch im Französischen zwischen dem direkten Objekt (Akkusativ) und dem indirekten Objekt (Dativ) unterschieden.
Das indirekte Objekt erkennt man daran, dass es mit *à* angeschlossen wird.
Nicht immer erfordern Verben im Französischen und Deutschen die gleichen Objekte.

Beispiele:

direktes Objekt	indirektes Objekt
écouter qn	jemandem zuhören
écouter la mère	der Mutter zuhören
jemanden fragen	*demander à qn*
einen Freund fragen	*demander à un ami*

Lerntipp: Das Beste ist es, wenn du dir beim Lernen der Verben auch gleich die zugehörigen Objekte merkst.

1.3 Adverbiale Bestimmungen

adverbiale Bestimmung	Subjekt	Prädikat	dir. Obj. / indir. Obj.	adverbiale Bestimmung
	Paul	écoute	un disque	**chez Marie**.
	Marie	téléphone	à Sophie	**le soir**.
Le mardi,	nous	jouons	au volley.	

Adverbiale Bestimmungen geben zum Beispiel Auskunft über das Wo (Ortsbestimmung) und Wann (Zeitbestimmung) einer Handlung.
Manchmal kommen in einem Aussagesatz auch mehrere adverbiale Bestimmungen vor.

1.4 Die Stellung der Satzelemente im Aussagesatz

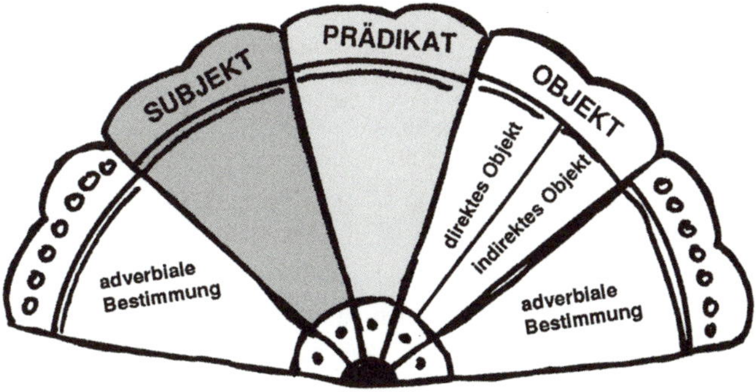

Die Satzstellung im Aussagesatz ist einfach: Subjekt und Prädikat bilden das Kernstück des Satzes.
Das direkte Objekt steht im Französischen normalerweise direkt nach dem Verb (Prädikat).
Das indirekte Objekt steht in der Regel nach dem direkten Objekt – es sei denn, es gibt im Satz nur ein indirektes Objekt.
Die adverbiale Bestimmung steht entweder am Anfang oder am Ende des Satzes.

1.5 Der verneinte Satz

Sophie prend le bus.	Sophie **ne** prend **pas** le bus.
Véronique écrit à ses amis.	Véronique **n'**écrit **pas** à ses amis.

Anders als im Deutschen besteht die Verneinung im Französischen aus zwei Teilen: *ne* und *pas*.
Die Verneinungswörter umschließen das konjugierte Verb wie eine Klammer (Verneinungsklammer).

Vor einem Vokal oder stummem *h* wird *ne* zu *n'*.
Neben *ne … pas* gibt es auch noch andere Verneinungsformeln. Hier die häufigsten (jeweils mit ihrer bejahenden Entsprechung):

Verneinung		Bejahung	
ne … rien	nichts	*quelque chose*	etwas
ne … plus	nicht mehr	*encore*	noch
ne … plus rien	nichts mehr	*encore qc*	noch etwas
ne … pas encore	noch nicht	*déjà*	schon
ne … jamais	niemals	*toujours*	immer
ne … personne	niemand	*quelqu'un*	jemand

Die Verneinung von *aussi* (auch) lautet *non plus*.
Beispiele: *moi aussi – moi non plus, toi aussi – toi non plus*

①	Daniel a **un** problème?	Ah non, il n'a pas **de** problème.
②	C'est une salade?	Mais non, ce n'est pas **une** salade, voyons!
③	J'aimerais bien encore du café.	Je regrette, mais je n'ai plus **de** café.
	C'est du funk?	Non, ce n'est pas **du** funk, c'est du rap.
④	Elle trouve la solution?	Malheureusement, elle ne trouve pas **la** solution.

Die unbestimmten Artikel *un*, *une*, *des* werden nach der Verneinung in der Regel zu *de* oder *d'* (*ne … pas* ***de***) ①.
Nach *être* bleibt auch im verneinten Satz der unbestimmte Artikel erhalten ②.
Auch die Teilungsartikel *de la* und *du* werden nach der Verneinung (Nullmenge) zu *de*. (↗ 2.5, S. 15) Aber auch hier bleibt nach *être* der Teilungsartikel erhalten ③.
Der bestimmte Artikel bleibt in der Verneinung erhalten ④.

Tout est prêt?	Non, **rien n'**est encore prêt.
Quelqu'un a téléphoné?	Non, **personne n'**a téléphoné.

Die Verneinungswörter *rien* und *personne* können auch Subjekt eines verneinten Satzes sein. Sie stehen dann vor dem Verb und vor *ne*: *personne ne* (niemand) …/*rien ne* (nichts) …

Mon ami **n'**est **ni** blond **ni** brun.
Il **ne** sait **ni** danser **ni** chanter.

Ne … ni … ni entspricht dem deutschen „weder … noch". *Ne* steht hier vor dem konjugierten Verb, *ni* vor den verneinten Adjektiven/Infinitiven.

Ne pas stationner devant la sortie.
Il est difficile de **ne rien** dire pendant une heure.

Infinitive werden mit vorangestelltem *ne pas*, *ne rien* … verneint. Die beiden Teile der Verneinung stehen hier zusammen vor dem Infinitiv.

Paul **ne** voit **pas** le bateau.	
Paul **ne** le voit **pas**.	direktes Objektpronomen
Il **ne** téléphone **pas** à ses parents.	
Il **ne** leur téléphone **pas**.	indirektes Objektpronomen

Die Verneinungsklammer umschließt neben dem konjugierten Verb auch die Objektpronomen. (↗ 8.1 und 8.2, S. 37/38)

2 Die Frage
L'interrogation

2.1 Entscheidungsfrage: Intonation oder *est-ce que*

		Subjekt	Prädikat	Ergänzung	
①		Pierre	fait	ses devoirs?	Oui./
②	**Est-ce que**	Pierre	fait	ses devoirs?	Non.

Auf die einfachste Frageform, die Entscheidungsfrage, kann man nur mit *oui* oder *non* antworten.
Es gibt im Französischen zwei Möglichkeiten, eine Entscheidungsfrage zu formulieren.

- Bei der Intonationsfrage ① wird die Stimme am Ende eines ganz normalen Aussagesatzes angehoben.
  Diese Frageform wird nur in der gesprochenen Sprache verwendet.
- Auch bei der Frageform mit *est-ce que* ② bleibt die Satzstellung des Aussagesatzes (Subjekt, Prädikat, Ergänzung) erhalten – die *est-ce que*-Formel wird einfach vorangestellt.
  Die Entscheidungsfrage mit *est-ce que* wird sowohl in der gesprochenen als auch in der geschriebenen Sprache verwendet.

Beachte: Steht *est-ce que* vor einem Vokal, wird *que* apostrophiert: *Est-ce* ***qu'il*** *est là?*

2.2 Frage mit Fragewort und *est-ce que*

Fragewort	*est-ce que*	Subjekt	Prädikat	Ergänzung/ Gliedsatz
		—— Aussagesatz ——		
		Sophie	donne	le livre à Daniel.
Qu'	**est-ce que**	Sophie	donne	à Daniel?
		Jean	habite	à Rouen?
Où	**est-ce que**	Jean	habite?	
		Ils	arrivent	samedi.
Quand	**est-ce qu'**	ils	arrivent?	
		Paul	paie	50 F pour le livre.
Combien	**est-ce que**	Paul	paie	pour le livre?
	Sophie	offre	le cadeau	à Rolf.
A qui	**est-ce que**	Sophie	offre	le cadeau?
		Il	va	au cinéma avec Jan.
Avec qui	**est-ce qu'**	il	va	au cinéma?
	Véronique	prépare	le repas	pour Valérie.
Pour qui	**est-ce que**	Véronique	prépare	le repas?
		Jean	boit	un thé parce qu'il a soif.
Pourquoi	**est-ce que**	Jean	boit	un thé?

Auch bei Fragen nach direktem Objekt, adverbialer Bestimmung, indirektem Objekt oder einem Gliedsatz, die mit einem Fragewort und der *est-ce que*-Formel gebildet werden, bleibt die Satzstellung des Aussagesatzes erhalten.

Beachte: *que* + *est-ce que* ergibt: ***qu'est**-ce que* (was).

2.3 Frage mit Fragewort ohne *est-ce que*

	Subjekt	Prädikat	Ergänzung
	Sophie	est	la copine de Véronique.
	Paul	écoute	une cassette.
	M. Leblanc	travaille	à l'école.
wer	**Qui**	est	la copine de Véronique?
		écoute	une cassette?
		travaille	à l'école?

Mit *qui* fragt man nach Personen, die das Subjekt des Satzes bilden. Hier ist das Fragewort *qui* Subjekt des Fragesatzes. Bei Fragen nach dem Subjekt (Personen) kann die *est-ce que*-Formel nicht benutzt werden.
Die Stellung der übrigen Satzelemente ist die gleiche wie im Aussagesatz.

2.4 Frage mit Fragewort und Inversion

Fragewort	Subjekt/Prädikat Prädikat/Subjekt		Ergänzung
①	Daniel	fait	ses devoirs.
Que	fait	Daniel?	
②	Le livre	est	là-bas.
Où	est	le livre?	
③	La glace	coûte	10 F.
Combien	coûte	la glace?	

Wird nach einer Ergänzung (Objekt oder adverbiale Bestimmung) gefragt, dann gibt es eine weitere mögliche Frageform: die Inversionsfrage mit Fragewort.
Bei der Frage mit Fragewort und Inversion (Umstellung) wird die Stellung von Subjekt und Prädikat vertauscht, sodass das Subjekt nach dem Prädikat steht.

Diese Frageform wird unter anderem angewendet:
- wenn das Subjekt ein Nomen oder Eigenname (kein Pronomen) ist ①,
- wenn nur nach dem Ort gefragt wird ②,
- wenn nur nach dem Preis gefragt wird ③.

Wird in den Fällen ② und ③ jedoch nach dem Ort/dem Preis in Zusammenhang mit einer Tätigkeit gefragt, dann muss die *est-ce que*-Formel mit der Satzstellung des Aussagesatzes benutzt werden.

Beispiele: *Où **est-ce que** tu **fais** tes courses?*
*Combien **est-ce que** tu **paies** pour la discothèque?*

2.5 Inversionsfrage mit Personalpronomen

Êtes-vous bien rentrée, madame?
Vient-elle avec nous?
Va-t-il rendre les tests demain?
Parle-t-elle allemand?

Où **va-t-elle**?
Comment **allez-vous**?
De quoi **parle-t-on** dans ce livre?
De qui **parlez-vous**?

Auch bei Fragen mit Personalpronomen kann eine Inversionsfrage benutzt werden. Diese wird gebildet, indem man das Pronomen hinter das Verb stellt und es dabei mit einem Bindestrich anschließt.
Bei Verben, die in der 3. Person Singular mit einem Vokal enden, wird ein *-t-* (mit zwei Bindestrichen) eingeschoben.

3 Indirekte Rede und indirekte Frage
Le discours indirect et l'interrogation indirecte

3.1 Indirekte Rede

Véronique dit à sa mère:	«Maman, je redouble.»
Véronique **dit** à sa mère	**qu'**elle redouble.
Véronique sagt ihrer Mutter,	dass sie die Klasse wiederholen werde./ sie werde die Klasse wiederholen.
Elle lui explique:	«Mes amies redoublent aussi.»
Elle lui **explique**	**que** ses amies redoublent aussi.

Die indirekte Rede wird durch einen Nebensatz ausgedrückt. Eingeleitet wird dieser Nebensatz durch die Konjunktion *que/qu'* (dass).
Folgende Verben können eine indirekte Rede einleiten: *dire, raconter, répéter, répondre, expliquer, ajouter* (hinzufügen).
Während man im Deutschen (in der Schriftsprache) im indirekten Satz den Konjunktiv benutzt, wird im Französischen die Zeit der direkten Rede übernommen, sofern der Hauptsatz im *présent* steht. Auch die Stellung des Verbs im Nebensatz wird nicht verändert.

Jean dit:	«**Je** cherche **ma** clé.»
Il dit	qu'**il** cherche **sa** clé.
Paul dit à Daniel:	«Je **te** téléphone demain.»
Il dit à Daniel	qu'il **lui** téléphone demain.

Bei der Umwandlung der direkten in die indirekte Rede ist außerdem Folgendes zu beachten:

- Das Subjekt muss dem Sinne nach verändert werden (zum Beispiel: *je* → *il*). Die Endung des Verbs wird dem neuen Subjekt natürlich angepasst.

- Possessivbegleiter müssen ebenfalls sinngemäß geändert werden (zum Beispiel: *mon* → *son*).
- Auch vorhandene Objektpronomen werden der neuen Sprechsituation angeglichen (zum Beispiel: *te* → *lui*).

3.2 Indirekte Frage

Le grand-père à Véronique:
«**Est-ce que** tu passes en sixième?»
«**Pourquoi** est-ce que tu redoubles?»

Le grand-père demande à Véronique **si** elle passe en sixième.
Il veut savoir **pourquoi** elle redouble.

Auch die indirekte Frage wird durch einen Nebensatz ausgedrückt.
Dieser Nebensatz wird mit folgenden Konjunktionen eingeleitet:

- mit *si* (ob), wenn die direkte Frage eine Entscheidungsfrage ist (*si* wird vor *il/ils* apostrophiert, nicht jedoch vor *elle/elles*) oder
- mit dem Fragewort (*pourquoi*, *quand*, …), das auch in der direkten Frage verwendet wurde.

Die Umwandlung einer *que*-Frage in eine indirekte Frage erfordert die neutralen Pronomen *ce qui* und *ce que*. (↗ 8.9 und 8.10, S. 45/46)

4 Das konditionale Satzgefüge mit *si*

La phrase hypothétique avec si

4.1 Das reale Bedingungsgefüge

Nebensatz		Hauptsatz
Si la grève **continue**,		il n'y **aura** pas d'école.
Die Erfüllung der Bedingung ist möglich.	→	Die Folge wird eintreten.
si + présent/passé composé	→	*futur simple* (oder *présent*)

Ein konditionales Satzgefüge (Bedingungsgefüge) besteht aus einem Nebensatz, der eine Bedingung enthält (Konditionalsatz), und einem Hauptsatz, der die Folge nennt.
Der Konditionalsatz, der meist mit *si* eingeleitet wird, kann vor oder nach dem Hauptsatz stehen.
Beim Bilden dieses Satzgefüges muss der Zeitenwechsel zwischen Haupt- und Nebensatz beachtet werden.
Für die Zeitenfolge im realen Bedingungsgefüge gilt Folgendes:

- Der *si*-Satz steht entweder im *présent* oder im *passé composé*.
- Nach *si* (= wenn) steht niemals das *futur*.
- Der Hauptsatz steht in der Regel im *futur*. Er kann allerdings auch, je nach Bedeutung, im *présent* stehen.

4.2 Der reale Konditionalsatz mit *si* und der Temporalsatz mit *quand*

①	**Si** Jean **passe** cet après-midi, je lui **rendrai** la cassette-vidéo.	wenn = falls (realer Konditionalsatz)
②	**Quand** Jean **passera** ce soir, je t'**appellerai**.	wenn = sobald (Temporalsatz)

Bei der Wahl der richtigen Zeitenfolge im realen Konditionalsatz und im Temporalsatz ist der Bedeutungsunterschied der Konjunktionen *si* und *quand* wichtig. Beide werden im Deutschen mit „wenn“ übersetzt.
Im realen Konditionalsatz ist „wenn“ mit „falls“ gleichzusetzen. Für die Zeitenfolge gilt hier: Nach konditionalem *si* steht niemals das *futur*.
„Wenn“ bedeutet im Temporalsatz „sobald“. Er wird mit *quand* eingeleitet. Hier gilt: Bei einem zukünftigen Geschehen steht nach *quand* das *futur*.

Beachte: *Si* kann auch einen indirekten Fragesatz einleiten. Dieses *si* hat dann immer die Bedeutung von „ob“. Auch der indirekte Fragesatz kann im *futur* stehen. (↗ 3.2, S. 61)
Beispiel: *Je ne sais pas* ***si*** *Jean* ***passera*** *ce soir.*

4.3 Das irreale Bedingungsgefüge

Nebensatz		Hauptsatz
① **Si** j'**avais** un hélicoptère,		je **pourrais** éviter cet embouteillage (Stau).
Die Erfüllung der Bedingung ist unmöglich/ unwahrscheinlich.	→	Die Folge bleibt eine bloße Vorstellung.
si + imparfait	→	*conditionnel présent*
② **Si** j'**avais** pris mon vélo,		j'**aurais pu** éviter cet embouteillage.
Die Bedingung wurde in der Vergangenheit nicht erfüllt.	→	Die Folge bleibt eine bloße Vorstellung (auf die Vergangenheit bezogen).
si + plus-que-parfait	→	*conditionnel passé*

Bei einem konditionalen Satzgefüge, das eine nichterfüllbare (irreale) oder unwahrscheinliche Bedingung enthält, muss man für die Wahl der richtigen Zeitenfolge zwei Arten unterscheiden:

- das irreale Bedingungsgefüge, das sich auf die Gegenwart und die Zukunft bezieht ①,
- das irreale Bedingungsgefüge, das sich auf die Vergangenheit bezieht ②.

Für die Zeitenfolge im irrealen Bedingungsgefüge gilt Folgendes:

- Der *si*-Satz steht entweder im *imparfait* oder im *plus-que-parfait.*
- Der Hauptsatz steht, je nach Bedeutung, im *conditionnel présent* oder im *conditionnel passé.*

Beachte: In der gesprochenen Sprache findet man häufiger „allein stehende" *si*-Sätze im *imparfait*: Sie drücken einen Vorschlag aus, bei dem die Folge – der Hauptsatz – mitgedacht, aber nicht ausgesprochen wird.

Beispiel: *Et* ***si*** *on* ***faisait*** *encore un petit tour en ville?*
(… ce serait sympathique, n'est-ce pas?)

5 Der Komparativsatz

La phrase comparative

5.1 Der Vergleich bei Mengen

① La France a **plus** de superficie **que** l'Allemagne.
Mais elle a **moins** d'habitants **que** l'Allemagne.
Elle a **autant** de problèmes **que** l'Allemagne.

② C'est Paris qui a **le plus** de touristes.
Ce sont les Japonais qui ont **le moins** de vacances.

Um einen Vergleich zu formulieren, werden die Komparativelemente *plus … que* (mehr … als), *moins … que* (weniger … als), *autant … que* (genauso viel … wie) oder die Superlativ-

elemente *le plus* … (die meisten …/das meiste …) oder *le moins* … (die wenigsten …/das wenigste …) benötigt.
Die Komparativelemente umschließen *de/d'* + Nomen ①.
Die Superlativelemente werden durch *de/d'* + Nomen ergänzt ②. (↗ 1.4, S. 11)

La terre a **plus de** 5 milliards d'années.	mehr als
L'histoire de l'humanité a **moins de** 6 mille ans.	weniger als

Wie die Nomen werden auch Zahlen nach den Vergleichsadverbien *plus* und *moins* mit *de* angeschlossen.

5.2 *autant que / aussi … que*

① Dans l'informatique on peut **gagner autant qu**'à la banque.

② A la Martinique, il y a **autant de fruits que** chez nous, mais ils sont bien différents.

③ Une crêpe est parfois **aussi nourissante qu**'une pizza.
Sophie a gagné **aussi facilement que** Véronique.

Soll eine Gleichheit ausgedrückt werden, muss man im Französischen drei Fälle unterscheiden:
- bei Verben → *autant que* ①,
- bei Nomen → *autant de … que* ② (↗ 5.1, S. 64),
- bei Adjektiven und Adverbien → *aussi … que* ③.

6 Der Passivsatz
La voix passive

6.1 Die Bildung des Passivs

①	M. Montagnier **découvre** <u>le virus du sida</u> (Aids).	Aktiv
	<u>Le virus du sida</u> **est découvert** par M. Montagnier.	Passiv
②	On **annonce** <u>cette découverte</u> à la radio.	Aktiv
	<u>Cette découverte</u> **est annoncée** à la radio.	Passiv
③	<u>La neige</u> **couvre** le sommet du Mont Blanc en toutes saisons.	Aktiv
	Le Mont Blanc **est couvert** <u>de neige</u> en toutes saisons.	Passiv

Das Passiv wird gebildet, indem man das direkte Objekt eines Aktivsatzes zum Subjekt macht und eine Passiv-Form des Verbs benutzt.
Den „Urheber" der Handlung kann man mit *par* (von, durch) angeben ①. Auf diese Angabe wird meist verzichtet, wenn der Handelnde nicht wichtig ist ②. Handelt es sich um einen Zustand, wird der Urheber/die Ursache mit *de* angeschlossen ③.
Die Passivform eines Verbs besteht aus dem Hilfsverb *être* und dem Partizip Perfekt (*participe passé*) des betreffenden Verbs. Das Partizip richtet sich in Geschlecht und Zahl nach dem Subjekt.
Wie im Aktiv gibt es auch im Passiv verschiedene Zeiten und Modi:

Le virus est découvert.	*présent*
Il a été découvert.	*passé composé*
Il était découvert.	*imparfait*
Il sera découvert.	*futur simple*
Il serait découvert si …	*conditionnel présent*
Je voudrais qu'il soit découvert.	*subjonctif présent*

Zeiten und Modi

Die französischen Verben lassen sich in verschiedene „Klassen“ einteilen:

1. Verbklasse: Hierzu gehören alle Verben, die auf *-er* enden. (↗ 1.1, S. 68)
Zu dieser Gruppe kann man aber auch all die Verben zählen, die auf *-ir* enden und wie die Verben auf *-er* konjugiert werden. (↗ 1.2, S. 68)
Auch die Verben auf *-er* mit zwei Stämmen gehören zu dieser Gruppe. (↗ 1.3, S. 69)

2. Verbklasse: Hierzu zählen die Verben auf *-ir* mit einer Stammerweiterung im Plural. (↗ 1.4 S. 70)

3. Verbklasse: Sie umfasst viele unregelmäßige Verben, die nicht alle nach einem bestimmten Typ konjugiert werden, so
– die Verben auf *-dre* (↗ 1.5, S. 70/71),
– die Verben auf *-ir* mit zwei Stämmen (↗ 1.6, S. 71) sowie
– weitere unregelmäßige Verben (↗ 1.7, S. 72/73).

Eine Liste der wichtigsten unregelmäßigen Verben findest du auch im letzten Teil dieses Buches. (↗ Tabelle unregelmäßiger Verben, S. 96).

1 *Le présent*
Präsens

1.1 Regelmäßige Verben auf *-er*

	regarder (betrachten)		
je	regard**e**	1. Person	Singular
tu	regard**es**	2. Person	
elle/il/on	regard**e**	3. Person	
nous	regard**ons**	1. Person	Plural
vous	regard**ez**	2. Person	
elles/ils	regard**ent**	3. Person	

Die weitaus meisten französischen Verben enden auf *-er* und werden regelmäßig konjugiert.
Vor Vokal oder stummem *h* wird *je* zu *j'*: ***j'é**coute*, ***j'h**abite*.

1.2 Verben auf *-ir*, Typ: *ouvrir* und *offrir*

	ouvrir (öffnen)	ebenso:
j'	ouvr**e**	offrir (anbieten,
tu	ouvr**es**	schenken)
elle/il	ouvr**e**	couvrir (be-, zudecken)
nous	ouvr**ons**	découvrir (aufdecken)
vous	ouvr**ez**	
elles/ils	ouvr**ent**	

Diese Verben werden im Präsens wie regelmäßige Verben auf *-er* konjugiert, obwohl sie den Infinitiv auf *-ir* bilden.

1.3 Verben auf *-er* mit zwei Stämmen

	acheter (kaufen)	ebenso:
j'	ach**è**te	peser (wiegen)
tu	ach**è**tes	se lever (aufstehen)
elle/il	ach**è**te	se promener (spazieren)
nous	achetons	
vous	achetez	
elles/ils	ach**è**tent	

	appeler (rufen, anrufen)	ebenso:
j'	appe**ll**e	s'appeler (heißen)
tu	appe**ll**es	jeter (werfen)
elle/il	appe**ll**e	épeler (buchstabieren)
nous	appelons	
vous	appelez	
elles/ils	appe**ll**ent	

	payer (bezahlen)	ebenso:
je	pa**i**e	essayer (versuchen)
tu	pa**i**es	balayer (fegen)
elle/il	pa**i**e	s'ennuyer (sich langweilen)
nous	payons	
vous	payez	
elles/ils	pa**i**ent	

Für diese Verben gilt:

- Ist der Wortstamm betont (1., 2., 3. Person Singular und 3. Person Plural), wird der Stamm verändert.
- Ist die Endung betont (2. und 3. Person Plural), bleibt der Stamm wie im Infinitiv.

	commencer (beginnen)	ebenso:
nous	commen**ç**ons	lancer (werfen)

	manger (essen)	ebenso:
nous	mang**e**ons	changer (tauschen) ranger (aufräumen) plonger (tauchen)

Bei diesen Verben verändert sich der Stamm nur in der 1. Person Plural.

1.4 Verben auf *-ir* mit Stammerweiterung im Plural

	finir (beenden)	ebenso:
je	finis	choisir (wählen)
tu	finis	réfléchir (überlegen)
elle/il	finit	
nous	fini**ss**ons	
vous	fini**ss**ez	
elles/ils	fini**ss**ent	

Diese Verben erweitern im Plural den Stamm um ein *-ss*.

1.5 Verben auf *-dre*

	entendre (hören)	ebenso:
j'	enten**ds**	attendre (warten)
tu	enten**ds**	répondre (antworten)
elle/il	enten**d**	descendre (hinunter-
nous	entend**ons**	gehen, aussteigen)
vous	entend**ez**	rendre (zurückgeben)
elles/ils	entend**ent**	vendre (verkaufen)

	prendre (nehmen)	ebenso:
je	pren**ds**	apprendre (lernen)
tu	pren**ds**	comprendre
elle/il	pren**d**	(verstehen)
nous	pren**ons**	
vous	pren**ez**	
elles/ils	pre<u>nn</u>**ent**	

Bei den Verben auf *-dre* unterscheiden sich nur die Endungen im Singular von den Endungen der Verben auf *-er*.

Beachte: Bei *prendre* musst du im Plural auch auf den Verbstamm achten. Der Stamm der 3. Person Plural wird im Präsens immer mit doppeltem *n* geschrieben.

1.6 Verben auf *-ir* mit zwei Stämmen

	partir (losgehen)	**dormir** (schlafen)	ebenso:
je	pars	dors	sortir
tu	pars	dors	(ausgehen)
elle/il	part	dort	mentir
nous	partons	dormons	(lügen)
vous	partez	dormez	sentir (fühlen)
elles/ils	partent	dorment	servir (be)dienen

Diese Verben haben im Singular und im Plural unterschiedliche Stämme.

1.7 Die wichtigsten stark unregelmäßigen Verben

	aller (gehen, fahren)		
je	vais	nous	allons
tu	vas	vous	allez
elle/il	va	elles/ils	vont

	être (sein)	**avoir** (haben)	
je	suis	j'	ai
tu	es	tu	as
elle/il	est	elle/il	a
nous	sommes	nous	avons
vous	êtes	vous	avez
elles/ils	sont	elles/ils	ont

Beachte: Verwechsle nicht *ils sont* (sie sind) und *ils ont* (sie haben).

	faire (machen)	**dire** (sagen)
je	fais	dis
tu	fais	dis
elle/il	fait	dit
nous	faisons	disons
vous	faites	dites
elles/ils	font	disent

	écrire (schreiben)	**lire** (lesen)
j'/je	écris	lis
tu	écris	lis
elle/il	écrit	lit
nous	écrivons	lisons
vous	écrivez	lisez
elles/ils	écrivent	lisent

	venir (kommen)	ebenso:
je	viens	tenir (halten)
tu	viens	revenir
elle/il	vient	(zurückkommen)
nous	venons	
vous	venez	
elles/ils	viennent	

	boire (trinken)	**voir** (sehen)
je	bois	vois
tu	bois	vois
elle/il	boit	voit
nous	buvons	voyons
vous	buvez	voyez
elles/ils	boivent	voient

	savoir (wissen)	**pouvoir** (können)
je	sais	peux
tu	sais	peux
elle/il	sait	peut
nous	savons	pouvons
vous	savez	pouvez
elles/ils	savent	peuvent

	devoir (müssen)	**vouloir** (wollen)
je	dois	veux
tu	dois	veux
elle/il	doit	veut
nous	devons	voulons
vous	devez	voulez
elles/ils	doivent	veulent

2 *Le futur composé*
Nahe Zukunft

2.1 Bildung des *futur composé*

Je	**vais**	**rencontrer**	Daniel.
Tu	**vas**	**rentrer**	à quelle heure?
Elle	**va**	**prendre**	le bus de sept heures.
Nous	**allons**	**jouer**	au volley.
Vous	**allez**	**manger**	une glace.
Ils	**vont**	**venir**	à Paris.

Das *futur composé* (auch *futur proche* genannt) wird mit der Präsensform von *aller* und dem Infinitiv des betreffenden Verbs gebildet.
Benutzt wird es für Handlungen, die in der nahen Zukunft stattfinden.

Lerntipp: Das *futur composé* wird dir keine Schwierigkeiten bereiten, wenn du die Präsensformen von *aller* (↗ 1.7, S. 72) und die Infinitivformen der Verben sicher beherrschst.

2.2 *Futur composé* und Verneinung

– Tu vas manger avec nous?
– Non, je **ne** vais **pas** manger avec vous.
Je vais rencontrer Valérie.

Die beiden Teile der Verneinungsklammer umschließen die konjugierte Form von *aller*. (↗ 1.5, S. 53/54)

2.3 *Futur composé* und Objektpronomen

– N'oublies pas **tes devoirs**, Nicole.
– Non, je vais **les** faire tout de suite.

Beim *futur composé* steht das Objektpronomen vor dem Verb im Infinitiv, denn auf dieses bezieht es sich.

2.4 *Futur composé* und reflexive Verben

Je vais **me reposer** jusqu'à dix heures.
Je <u>ne</u> vais <u>pas</u> **me lever** à six heures.

Im *futur composé* steht das Reflexivpronomen (wie die übrigen Objektpronomen) vor dem Verb im Infinitiv, zu dem es gehört. (↗ 8.1 und 8.2, S. 37/38)
Im Fall der Verneinung umschließt die Verneinungsklammer das konjugierte Verb.

3 *Le passé composé*
Perfekt

3.1 Die Bildung des *passé composé* mit *avoir*

J'	**ai**	**lu**	le journal.
Tu	**as**	**fini**	tes devoirs.
Elle	**a**	**vu**	la tour Eiffel.
Nous	**avons**	**visité**	un musée.
Vous	**avez**	**travaillé**	hier après-midi.
Ils	**ont**	**joué**	aux cartes.

Das *passé composé* der meisten Verben wird aus der konjugierten Präsensform von *avoir* und dem Partizip Perfekt gebildet.
Die Verneinungselemente umschließen das konjugierte Verb:
*Ils **n'**ont **rien** vu.*

3.2 Die Bildung des Partizips Perfekt

parl**er**	parl**é**
part**ir**	part**i**
atten**dre**	atten**du**

Für die Bildung des Partizips Perfekt (*participe passé*) gibt es einfache Regeln:

- Verben auf *-er* bilden es auf *é*,
- Verben auf *-ir* bilden es auf *i*,
- Verben auf *-endre* und *-ondre* bilden es auf *u*.

Die Partizipformen einiger Verben weichen jedoch von diesen Regeln ab:

infinitif	*participe passé*	
faire	*fait*	machen
dire	*dit*	sagen
écrire	*écrit*	schreiben
mettre	*mis*	setzen, stellen, legen
prendre	*pris*	nehmen
lire	*lu*	lesen
voir	*vu*	sehen
boire	*bu*	trinken
pouvoir	*pu*	können
vouloir	*voulu*	wollen
devoir	*dû*	müssen, sollen
savoir	*su*	wissen
venir	*venu*	kommen
il faut	*il a fallu*	man muss
ouvrir	*ouvert*	öffnen
offrir	*offert*	anbieten
avoir	*eu*	haben
être	*été*	sein

3.3 Die Bildung des *passé composé* mit *être*

Paul	**est venu**	à cinq heures.
Valérie et Jean	**sont arrivés**	chez les grands-parents.

Verben, die eine Bewegungsrichtung bezeichnen, bilden das *passé composé* mit *être*:
aller, arriver, descendre, entrer, monter, partir, retourner, sortir, tomber, venir.
Ebenfalls mit *être* verbunden werden *rester*, *naître* und *mourir*.
Aufgepasst: *sauter* (springen), *courir* und *nager* bezeichnen zwar eine Bewegung, geben aber keine Richtung an.
Deshalb: *Elle **a sauté** dans la piscine.*
Auch bei allen reflexiven Verben wird das *passé composé* mit *être* gebildet.

Beispiel: *Il s'est lavé les mains.*

Die Verneinungselemente umschließen hier das Reflexivpronomen und die konjugierte Form von *être*.

Beispiel: *Il **ne** s'est **pas** lavé les mains.*

3.4 Die Veränderlichkeit des Partizips Perfekt

Daniel est monté dans sa chambre.
Nicole est sorti**e** avec Rolf.
Paul et Marie sont all**és** au cinéma.
Sophie et sa mère sont part**ies**.

Bei der Bildung des *passé composé* mit *être* wird das Partizip Perfekt dem Subjekt in Geschlecht und Zahl angeglichen.

①	Tu as trouvé	**mes clés**? direktes Objekt	
②	Oui, je	**les**	ai trouvé**es**.
	Je	**vous** direktes Objekt	ai vu**s**, les enfants.
	Est-ce que tu	**l'** direktes Objekt	as écrit**e**, la lettre?

Bei Verben, die mit *avoir* verbunden werden, bestimmt die Stellung des direkten Objekts (wen oder was?) die Schreibweise des Partizips. Dabei gelten folgende Regeln:

- Steht das direkte Objekt hinter dem Verb oder ist kein direktes Objekt vorhanden, bleibt das Partizip unverändert ①.
- Steht das direkte Objekt vor dem Verb, wird das Partizip in Geschlecht und Zahl diesem angeglichen ②.

①	Véronique	**s'** direktes Obj.	est préparé**e**.	
②	Dans l'accident, elle	**s'** indir. Obj.	est cassé	**une jambe.** dir. Obj.

Auch bei den reflexiven Verben richtet sich das Partizip nach dem direkten Objekt, das vor dem Verb steht ①. Aber nicht immer ist das Reflexivpronomen direktes Objekt ②.

Ce sont les livres (m) **que** j'ai lu**s**.
Voilà les cartes (f) **que** j'ai pris**es**.
Quels amis (m) as-tu invité**s**?

Auch das Relativpronomen *que* ist immer ein direktes Objekt und die Fragebegleiter *quel*, *quelle*, *quels* und *quelles* + Nomen sind ebenfalls oft direkte Objekte. Die Angleichung des Partizips ist in diesen Fällen erforderlich.
Zum Gebrauch des *passé composé* (↗ 4.2, S. 80).

4 *L'imparfait*

Imperfekt, Präteritum

4.1 Die Bildung des *imparfait*

	présent		imparfait	
nous	**chant**	ons	je	chant**ais**
	descend	ons	tu	descend**ais**
	finiss	ons	elle/il	finiss**ait**
	buv	ons	nous	buv**ions**
	pren	ons	vous	pren**iez**
	appel	ons	elles/ils	appel**aient**

Bis auf wenige Ausnahmen werden die Formen des *imparfait* vom Stamm der 1. Person Plural des Präsens abgeleitet.
Die Personalendungen sind immer gleich: *-ais, -ais, -ait, -ions, -iez, -aient.*
Die wenigen Ausnahmen sind: *être: j'étais, tu étais, il/elle était, nous étions, vous étiez, ils/elles étaient; falloir* (notwendig sein): *il fallait; pleuvoir* (regnen): *il pleuvait.*
Besondere Aufmerksamkeit verlangen die Verben, die auf *-cer* und *-ger* enden, da *ç* und *ge* nur vor den Vokalen *a*, *o* und *u* stehen, d.h. vor den Endungen *-ais, -ais, -ait* und *-aient.*

Beispiele:

commencer – présent: *nous commen**ç**ons*
imparfait: *je commen**ç**ais,* aber: *nous commencions, vous commen**c**iez*
manger – présent: *nous man**ge**ons*
imparfait: *je man**ge**ais,* aber: *nous mangions, vous mangiez*

4.2 Der Gebrauch des *imparfait*

① Ma grand-mère **préparait** une tisane (Tee),
pendant que mon grand-oncle **écoutait** les informations.

② Il **a mis** son manteau.
Il **a ouvert** la porte.
Il **est parti** sans rien dire.

③ La Première guerre mondiale **a duré** quatre ans.

Das *imparfait* wird benutzt um Situationen und Handlungen darzustellen, deren Anfang und Ende keine Rolle spielen ①. Dabei handelt es sich um Vorgänge, die gleichzeitig stattfinden, um Situationsschilderungen oder um die Beschreibungen von Hintergrundhandlungen.
Dagegen wird das *passé composé* zur Darstellung von Situationen und Vorgängen benutzt, deren Anfang und Ende klar begrenzt sind ②. Dies ist besonders dann der Fall, wenn eine Handlung die andere ablöst. Die Dauer der Situation oder Handlung spielt dabei keine Rolle ③.

④ Astérix et Obélix **se promenaient** dans la forêt, quand, tout à coup, ils **ont entendu** des Romains.
J'**étais en train de** lire mon journal, quand le téléphone **a sonné**.

⑤ Je **venais** de terminer ma lettre, quand le directeur m'a appelé.
Il **allait** monter en voiture, mais il a remarqué qu'il n'avait pas ses papiers.

Das *imparfait* schildert ein gerade im Verlauf befindliches Geschehen, das den Rahmen für eine neu einsetzende Situation oder Handlung bildet. Das neu eintretende Ereignis steht im *passé composé* ④. Deshalb steht das *imparfait* auch in Verbverbindungen, die einen Verlauf beschreiben, wie *être en train de faire qc* (gerade dabei sein, etwas zu tun).

Das *imparfait* steht ebenfalls in Verbverbindungen, die den Umstand einer neuen, meist unvorhergesehenen Handlung unterstreichen, wie *venir de faire qc* (eben etwas getan haben) und *aller faire qc* (im Begriff sein, etwas zu tun) ⑤.

Tous les matins, il **allait** acheter son journal.
Puis, il **partait** travailler vers sept heures.
Quand il était en retard, il **prenait** le bus.

Auch die Regelmäßigkeit und Wiederholung von Handlungen in der Vergangenheit wird durch das *imparfait* ausgedrückt. In diesem Fall steht das *imparfait* auch bei Adverbien, die normalerweise eine neu eintretende Handlung bezeichnen, wie *puis* oder *alors*, sowie in Nebensätzen mit *quand* (jedes Mal wenn).

5 *Le plus-que-parfait*

Plusquamperfekt, Vorvergangenheit

5.1 Die Bildung des *plus-que-parfait*

j'	avais	fait	j'	étais	allé(e)
tu	avais	fait	tu	étais	allé(e)
elle/il	avait	fait	elle/il	était	allé(e)
nous	avions	fait	nous	étions	allé(e)s
vous	aviez	fait	vous	étiez	allé(e)s
elles/ils	avaient	fait	elles/ils	étaient	allé(e)s

Das *plus-que-parfait* wird mit dem *imparfait* der Hilfsverben *avoir* und *être* und dem Partizip Perfekt des betreffenden Verbs gebildet.
Wie beim *passé composé* werden die Verben der Bewegungsrichtung und die reflexiven Verben mit *être* gebildet. (↗ 3.3, S. 77)
Auch das Partizip wird nach denselben Regeln verändert, die für das *passé composé* gelten. (↗ 3.4, S. 77/78)

5.2 Der Gebrauch des *plus-que-parfait*

Je me souviens bien de cette fille.
Elle **est arrivée** dans notre classe en troisième.
Elle **racontait** à tout le monde qu'elle **avait fait** le tour du monde.
Et tout le monde la **croyait** quand elle disait qu'elle **était allée** en Amérique et qu'elle **avait vu** des Indiens.

In einer Erzählung benutzt man verschiedene Zeiten um Handlungen der Vergangenheit, die nicht gleichzeitig geschahen, voneinander zu unterscheiden.
Das *plus-que parfait* wird für Vorgänge verwendet, die zeitlich vor einem anderen Geschehen der Vergangenheit liegen.

6 *Le futur simple*

Futur I

6.1 Die Bildung des *futur simple*

	présent	futur simple	
je/j'	**regarde**	je	regarde**rai**
	jette	tu	jette**ras**
	paie	elle/il	paie**ra**
	arrive	nous	arrive**rons**
	donne	vous	donne**rez**
	tombe	elles/ils	tombe**ront**

Regelmäßige und unregelmäßige Verben haben im *futur simple* immer die gleichen Personalendungen:
-rai, -ras, -ra, -rons, -rez, -ront.
Bei den regelmäßigen Verben auf *-er* wird an die 1. Person Singular des Präsens die jeweilige Endung des *futur simple* angehängt.

Eine Ausnahme bilden die Verben auf *-er*, die wie *préférer*, *compléter*, *espérer* im Präsens zwei unterschiedliche Stämme haben (*je préf**è**re, nous préf**é**rons*). Bei ihnen wird das *futur simple* vom Infinitiv abgeleitet. (Die Schreibweise mit *è* wird jedoch geduldet.)

Beispiel: *préférer – futur simple: je préf**é**rerai, nous préf**é**rerons*

	infinitif	futur simple	
①	**fini**r	je	fini**rai**
	partir	tu	parti**ras**
	sortir	elle/il	sorti**ra**
②	**li**re	nous	li**rons**
	boire	vous	boi**rez**
	rendre	elles/ils	rend**ront**

Bei den Verben auf *-ir* geht man vom Stamm des Infinitivs ohne *-r* aus ① und bei den Verben auf *-re* vom Infinitiv ohne *-re* ②.

	être		avoir
je	serai	j'	aurai
tu	seras	tu	auras
elle/il	sera	elle/il	aura
nous	serons	nous	aurons
vous	serez	vous	aurez
elles/ils	seront	elles/ils	auront

Natürlich sind *avoir* und *être* wieder unregelmäßig, die Endungen sind aber auch hier die gleichen.
Weitere unregelmäßige Verben sind:

aller	*j'irai*	*savoir*	*je saurai*
faire	*je ferai*	*pouvoir*	*je pourrai*
courir	*je courrai*	*devoir*	*je devrai*

mourir	*je mourrai*	*vouloir*	*je voudrai*
tenir	*je tiendrai*	*pleuvoir*	*il pleuvrait*
venir	*je viendrai*	*falloir*	*il faudra*
envoyer	*j'enverrai*	*apercevoir*	*j'apercevrai*
voir	*je verrai*	*s'asseoir*	*je m'assiérai*

6.2 Der Gebrauch des *futur simple*

① Il pleut encore!
Qu'est-ce que nous **allons** bien **faire**?

② C'est la deuxième semaine!
L'an prochain, nous **passerons** nos vacances dans le sud!

Während das *futur composé* vor allem für nah bevorstehende Vorgänge benutzt wird ①, kennzeichnet das *futur simple* auch solche, die in fernerer Zukunft liegen ②.
Außerdem drückt das *futur composé* meist eine größere Gewissheit aus, während das *futur simple* auch Vorgänge bezeichnet, die noch unbestimmt sind.
In der Umgangssprache wird jedoch das *futur composé* bevorzugt.
Darüber hinaus kann das *futur simple* auch imperativen Charakter haben.
Beispiel: *D'abord, tu rangeras ta chambre!* (Zuerst räumst du dein Zimmer auf!)

7 *Le futur antérieur*
Futur II

7.1 Die Bildung des *futur antérieur*

j'	aurai	passé
tu	auras	eu
elle/il	aura	été
nous	aurons	fini
vous	aurez	fait
elles/ils	auront	vu
je	serai	allé(e)
tu	seras	parti(e)
elle/il	sera	arrivé(e)
nous	serons	sorti(e)s
vous	serez	venu(e)s
elles/ils	seront	descendu(e)s

Das *futur antérieur* wird gebildet mit dem *futur simple* von *avoir* oder *être* und dem Partizip Perfekt (*participe passé*) des betreffenden Verbs.
Wie beim *passé composé* und beim *plus-que-parfait* werden die Verben der Bewegungsrichtung und die reflexiven Verben mit *être* gebildet. (↗ 3.3, S. 77)
Auch das Partizip wird nach denselben Regeln verändert, die für *passé composé* und *plus-que-parfait* gelten. (↗ 3.4, S. 77)

7.2 Der Gebrauch des *futur antérieur*

Quoi! Tu n'as pas encore rangé ta chambre!
C'est seulement quand tu **auras terminé** de ranger que tu pourras sortir.

Das *futur antérieur* wird für Vorgänge verwendet, die in der Zukunft stattfinden, aber zu einem bestimmten Zeitpunkt abgeschlossen sein werden.

Im Deutschen wird das *futur antérieur* in der Regel mit dem deutschen Perfekt wiedergegeben.

Beispiel: *Quand tu **auras terminé** tes maths, tu pourras aller chez ta copine.* Erst wenn du deine Matheaufgaben **gemacht hast**, kannst du zu deiner Freundin gehen.

Folgende Konjunktionen leiten das *futur antérieur* oft ein: *quand* (wenn), *lorsque* (wenn), *dès que* (sobald), *aussitôt que* (sobald), *ce n'est que lorsque … que* (erst wenn).

8 *Le conditionnel présent*
Konditional I

8.1 Die Bildung des *conditionnel présent*

présent		conditionnel présent	
je	**regarde**	je	regarde**rais**
		tu	regarde**rais**
		elle/il	regarde**rait**
		nous	regarde**rions**
		vous	regarde**riez**
		elles/ils	regarde**raient**

Wie beim *futur* haben auch beim *conditionnel* regelmäßige und unregelmäßige Verben immer die gleichen Personalendungen. Sie setzen sich zusammen aus *r* und den Endungen des *imparfait*: *-rais*, *-rais*, *-rait*, *-rions*, *-riez*, *-raient*.
(↗ 4.1, S. 79)
Bei den Verben auf *-er* wird diese Endung wie beim *futur simple* an die 1. Person Singular des Präsens angehängt.

infinitif:	conditionnel présent	
dormir	je	dormir**ais**
sortir	tu	sortir**ais**
finir	elle/il	finir**ait**
perdre	nous	perdr**ions**
vendre	vous	vendr**iez**
prendre	elles/ils	prendr**aient**

Bei den Verben auf *-ir* und *-re* werden diese Endungen an den Stamm des Infinitivs gehängt. (↗ 6.1, S. 82)
Verben, die im *futur* unregelmäßig waren, sind es auch im *conditionnel*. Sie unterscheiden sich nur durch ihre Endung:

être	*je serais*	*savoir*	*je saurais*
avoir	*j'aurais*	*pouvoir*	*je pourrais*
aller	*j'irais*	*devoir*	*je devrais*
faire	*je ferais*	*vouloir*	*je voudrais*
courir	*je courrais*	*pleuvoir*	*il pleuvrait*
mourir	*je mourrais*	*falloir*	*il faudrait*
tenir	*je tiendrais*	*voir*	*je verrais*
venir	*je viendrais*	*apercevoir*	*j'apercevrais*
envoyer	*j'enverrais*	*s'asseoir*	*je m'assiérais*

8.2 Der Gebrauch des *conditionnel présent*

Pourriez-vous me dire quelle heure il est?	Bitte
Nous **devrions** réfléchir à ce projet.	Aufforderung
Serait-il possible d'essayer ce pull?	Frage
Tu **ferais** cela pour moi?	Vorschlag
J'**aimerais** bien partir avec Véronique.	Wunsch
Il y **aurait** des morts dans l'accident.	vorsichtige Information
Mes parents ne **seraient** pas contents de voir ma compo de maths.	Annahme/ Vermutung
A ta place, je ne **fumerais** pas.	Rat
Au cas où (falls) tu **viendrais**, dis-le-moi.	Bedingung

Im Französischen wird das Konditional in erster Linie als Modus verwendet.
Dabei nuanciert das *conditionnel présent* die Aussage des Satzes, indem es deren Gültigkeit abschwächt, und zwar aus Gründen der Höflichkeit, der Unsicherheit oder des fehlenden Bezugs zur Wirklichkeit. Die Beispiele oben zeigen die verschiedenen Nuancierungsmöglichkeiten.
Als Tempus bezeichnet das *conditionnel* eine von der Vergangenheit aus gesehene Zukunft. In dieser Funktion wird es in der indirekten Rede verwendet. (↗ 3.1, S. 60)

9 *Le conditionnel passé*
Konditional II

9.1 Die Bildung des *conditionnel passé*

j'	aurais	travaillé
tu	aurais	eu
elle/il	aurait	été
nous	aurions	fini
vous	auriez	fait
elles/ils	auraient	vu
je	serais	allé(e)
tu	serais	parti(e)
elle/il	serait	arrivé(e)
nous	serions	sorti(e)s
vous	seriez	venu(e)s
elles/ils	seraient	descendu(e)s

Das *conditionnel passé* wird gebildet mit dem *conditionnel* von *avoir* oder *être* und dem Partizip Perfekt (*participe passé*) des betreffenden Verbs.
Auch bei dieser zusammengesetzten Zeit stehen die Verben der Bewegungsrichtung sowie die reflexiven Verben mit *être* (↗ 3.3, S. 77), und das Partizip wird nach bekannten Regeln verändert (↗ 3.4, S. 77/78).

9.2 Der Gebrauch des *conditionnel passé*

Tu **aurais pu** m'attendre!
Je n'**aurais** jamais **fait** du stop seule!
J'**aurais pris** le train à ta place.

Als Modus bezeichnet das *conditionnel passé* eine (nicht mehr realisierbare) Möglichkeit in der Vergangenheit.

Elle m'a dit: «Je t'**appellerai** demain.»
Elle m'a dit qu'elle m'**appellerait** demain.

Ma mère m'a dit: «Tu **pourras** sortir, quand tu **auras** terminé tes maths.»
Elle m'a dit que je **pourrais** sortir, quand j'**aurais** terminé mes maths.

Als Tempus bezeichnet das *conditionnel* im Französischen eine von der Vergangenheit aus gesehene Zukunft.
In dieser Funktion wird das *futur simple* in der direkten Rede durch das *conditionnel présent* in der indirekten Rede ersetzt. Das *futur antérieur* wird entsprechend durch das *conditionnel passé* ersetzt.

10.1 Die regelmäßigen Formen des *subjonctif présent*

présent: elles/ils	subjonctif présent		
chantent	que	je	chant**e**
attendent	que	tu	attend**es**
rendent	qu'	elle/il	rend**e**
disent	que	nous	dis**ions**
dorment	que	vous	dorm**iez**
atteignent	qu'	elles/ils	atteign**ent**

Die *subjonctif*-Formen der regelmäßigen und auch die der meisten unregelmäßigen Verben werden gebildet aus

- dem Stamm der 3. Person Plural des Präsens und
- den Personalendungen *-e*, *-es*, *-e*, *-ions*, *-iez*, *-ent*.
- Der *subjonctif*-Form geht fast immer *que* voraus.

Die regelmäßigen *subjonctif*-Formen entsprechen also im Singular und in der 3. Person Plural den Präsensformen der Verben auf *-er*. In der 1. und 2. Person Plural entsprechen sie dem *imparfait*.

10.2 Die unregelmäßigen Formen des *subjonctif présent*

présent: nous	présent: elles/ils	subjonctif présent		
prendre				
	prennent	que	je	prenn**e**
		que	tu	prenn**es**
		qu'	elle/il	prenn**e**
prenons		que	nous	pren**ions**
		que	vous	pren**iez**
	prennent	qu'	elles/ils	prenn**ent**

Bei diesen Verben wird der *subjonctif présent* in der 1. und 2. Person Plural vom Stamm der 1. Person Plural des Präsens (*nous*) abgeleitet: *prendre, boire, devoir, recevoir, venir, tenir, croire, voir, payer, employer, envoyer, acheter, préférer.*

	subjonctif-Stamm	présent: nous	subjonctif présent		
aller					
	aill-		que	je'	aill**e**
			que	tu	aill**es**
			qu'	elle/il	aill**e**
		allons	que	nous	all**ions**
			que	vous	all**iez**
	aill-		qu'	elles/ils	aill**ent**
vouloir					
	veuill-		que	je	veuill**e**
		voulons	que	nous	voul**ions**

Diese beiden Verben haben in den Singularformen und in der 3. Person Plural einen eigenen *subjonctif*-Stamm, während sie in der 1. und 2. Person Plural vom Stamm der 1. Person Plural des Präsens abgeleitet werden.

	subjonctif-Stamm	subjonctif présent		
savoir	**sach-**	que	je	sach**e**
		que	tu	sach**es**
		qu'	elle/il	sach**e**
		que	nous	sach**ions**
		que	vous	sach**iez**
		qu'	elles/ils	sach**ent**
pouvoir	**puiss-**			
faire	**fass-**			
falloir (il faut)	**faill-**			

Die Verben *savoir*, *pouvoir*, *faire* und *falloir* haben einen eigenen *subjonctif*-Stamm.

Stamm			être	avoir
	que	je/j'	**sois**	ai**e**
soi-/ai-	que	tu	**sois**	ai**es**
	qu'	elle/il	soi**t**	ai**t**
soy-/ay-	que	nous	soy**ons**	ay**ons**
	que	vous	soy**ez**	ay**ez**
soi-/ai-	qu'	elles/ils	soi**ent**	ai**ent**

Die Verben *avoir* und *être* tanzen wieder einmal aus der Reihe. Sie haben nicht nur zwei eigene *subjonctif*-Stämme, sondern auch abweichende Endungen.

10.3 Die Bildung des *subjonctif passé*

Der *subjonctif passé* wird gebildet mit dem *subjonctif* von *avoir* oder *être* und dem Partizip Perfekt (*participe passé*) des betreffenden Verbs.
Auch hier werden die Verben der Bewegungsrichtung und die reflexiven Verben mit *être* gebildet. (↗ 3.3, S. 77) Das Partizip wird nach den bekannten Regeln verändert. (↗ 3.4, S. 77/78)

que	j'	aie	pris
que	tu	aies	pris
qu'	elle/il	ait	pris
que	nous	ayons	pris
que	vous	ayez	pris
qu'	elles/ils	aient	pris

que	je	sois	venu(e)
que	tu	sois	venu(e)
qu'	elle/il	soit	venu(e)
que	nous	soyons	venu(e)s
que	vous	soyez	venu(e)s
qu'	elles/ils	soient	venu(e)s

0.4 Der Gebrauch des *subjonctif*

Der *subjonctif* steht

① nach Verben der Willensäußerung
(Wunsch, Aufforderung, Einverständnis)
j'aimerais que … **je veux** que …
il faut que … **elle propose** que …
J'aimerais que tu viennes à l'heure.

② nach wertenden Stellungnahmen
(Bedauern, Verwunderung, Zweifel, Zufriedenheit)
nous regrettons que … **ils ont peur** que …
je crains que … **elle est contente** que …
Je crains que cela ne soit pas possible.

③ nach unpersönlichen Ausdrücken
il est possible que … **il est temps** que …
il est normal que … **c'est bien** que …
Il est possible que la poste soit en grève.

④ nach bestimmten Konjunktionen
pour que (damit) **sans que** (ohne dass)
afin que (damit) **jusqu'à ce que** (bis)
bien que (obgleich) **avant que** (bevor)
quoique (obgleich) **de peur que** (damit nicht)
Attends jusqu'à ce qu'on descende les valises.

Der *subjonctif* steht fast ausschließlich in Nebensätzen mit *que*.

In den meisten Fällen wird er im Nebensatz durch bestimmte Verben oder Ausdrücke des Hauptsatzes (① bis ③) oder durch bestimmte Konjunktionen ④ automatisch ausgelöst.

11 *Le gérondif*

11.1 Die Bildung des *gérondif*

infinitif	présent: nous	gérondif
chanter	**chant**ons	**en** chant**ant**
manger	**mange**ons	**en** mange**ant**
acheter	**achet**ons	**en** achet**ant**
attendre	**attend**ons	**en** attend**ant**
finir	**finiss**ons	**en** finiss**ant**
tenir	**ten**ons	**en** ten**ant**

Das *gérondif* wird gebildet aus:
en + Stamm der 1. Person Plural Präsens + Endung *-ant*.
Ausnahmen bilden die folgenden Verben:
avoir – en ***ay****ant; être – en* ***ét****ant; savoir – en* ***sach****ant.*

11.2 Der Gebrauch des *gérondif*

① **Pendant qu'il attendait** le métro, il lisait le journal.
En attendant le métro, il lisait le journal.

② Il lisait le journal **et attendait**.
Il lisait le journal **en attendant**.

③ En prenant le métro, on arrive à temps.
En **ne** le prenant **pas**, on arrive trop tard.

Zum *gérondif*, das einen Nebensatz ersetzen kann, gibt es im Deutschen keine direkte Entsprechung.
Das *gérondif* ist unveränderlich und zeitlich neutral. Wer die Handlung ausführt oder wann sie stattfindet, gibt der Hauptsatz an.

Wichtige Voraussetzung für das *gérondif* ist jedoch, dass das Subjekt der beiden miteinander verbundenen Sätze gleich ist. Im folgenden Satz ist das *gérondif* daher nicht möglich. *Pendant qu'il préparait le repas, elle lisait le journal.*
Das *gérondif* kann am Satzanfang oder am Satzende stehen ①, ②.
Zum *gérondif* können Ergänzungen hinzutreten ①, ③.
Die Verneinungsklammer umschließt nicht das *en* ③.

① **Quand je suis passé** devant son bureau
j'ai vu qu'il téléphonait.
En passant devant son bureau, j'ai vu qu'il téléphonait.

② Il m'a dit bonjour **en souriant**.

③ **Si on prend** le T.G.V., on arrive à deux heures.
En prenant le T.G.V., on arrive à deux heures.

Si on prenait le T.G.V., on arriverait à deux heures.
En prenant le T.G.V., on arriverait à deux heures.

Si on avait pris le T.G.V., on serait arrivé à deux heures.
En prenant le T.G.V., on serait arrivé à deux heures.

Mit dem *gérondif* kann man
- die Gleichzeitigkeit von Handlungen und Ereignissen ausdrücken; das *gérondif* ersetzt dann Sätze, die durch *quand*, *pendant que* oder durch *et* eingeleitet sind ①,
- die Art und Weise einer Handlung oder eines Ereignisses ausdrücken ②,
- Bedingungen oder Möglichkeiten ausdrücken; es ersetzt dann einen Nebensatz mit *si* ③.

Tabelle unregelmäßiger Verben

présent		passé composé	imparfait	
accueillir (begrüßen, empfangen)				
j'	accueille	j'ai accueilli	j'	accueillais
nous	accueillons		nous	accueillions
elles/ils	accueillent		elles/ils	accueillaient
aller (gehen, fahren, reisen)				
je **vais**, tu **vas**, il **va**		je suis allé,e	j'	allais
nous	allons		nous	allions
elles/ils	**vont**		elles/ils	allaient
s'asseoir (sich setzen)				
je m'	assois	je me suis assis,e	je	m'asse**y**ais
nous nous	asseyons		nous nous	asse**yi**ons
elles/ils s'	assoient		elles/ils	s'asse**y**aient
atteindre (erreichen)				
j'	atteins	j'ai atteint	j'	atteignais
nous	atteignons		nous	atteignions
elles/ils	atteignent		elles/ils	atteignaient

futur	subjonctif	présent	ebenso
j'accueillerai	que j' que nous qu'elles/ils	accueille accueillions accueillent	cueillir (pflücken, sammeln)
j'**irai**	que j' que nous qu'elles/ils	**aille** allions **aillent**	s'en aller (weggehen)
je m'assoirai (je m' assiérai)	que je m' que nous nous qu'elles/ils s'	assoie asso**yi**ons assoient	
j'atteindrai	que j' que nous qu'elles/ils	atteigne atteignions atteignent	craindre (fürchten) éteindre (auslöschen) joindre (verbinden) peindre (malen)

présent		passé composé	imparfait	
battre (schlagen)				
je	bats	j'ai battu	je	battais
nous	battons		nous	battions
elles/ils	battent		elles/ils	battaient
boire (trinken)				
je	bois	j'ai bu	je	buvais
nous	**bu**vons		nous	buvions
elles/ils	boivent		elles/ils	buvaient
conduire (führen, fahren)				
je	conduis	j'ai conduit	je	conduisais
nous	conduisons		nous	conduisions
elles/ils	conduisent		elles/ils	conduisaient
courir (laufen)				
je	cours	j'ai couru	je	courais
nous	courons		nous	courions
elles/ils	courent		elles/ils	couraient
croire (glauben)				
je	crois	j'ai cru	je	cro**y**ais
nous	cro**y**ons		nous	cro**yi**ons
elles/ils	croient		elles/ils	cro**y**aient
devoir (müssen, sollen)				
je	dois	j'ai d**û**	je	devais
nous	d**e**vons		nous	devions
elles/ils	doivent		elles/ils	devaient

futur	**subjonctif**	**présent**	**ebenso**
je battrai	que je que nous qu'elles/ils	batte battions battent	
je boirai	que je que nous qu'elles/ils	boive b**u**vions boivent	
je conduirai	que je que nous qu'elles/ils	conduise conduisions conduisent	construire (bauen)
je **courrai**	que je que nous qu'elles/ils	coure courions courent	
je croirai	que je que nous qu'elles/ils	croie cro**yi**ons croient	
je devrai	que je que nous qu'elles/ils	doive d**e**vions doivent	

présent		**passé composé**	**imparfait**	
écrire (schreiben)				
j'	écris	j'ai écrit	j'	écrivais
nous	écrivons		nous	écrivions
elles/ils	écrivent		elles/ils	écrivaient
envoyer (schicken)				
j'	envo**i**e	j'ai envoyé	j'	envo**y**ais
nous	envo**y**ons		nous	envo**yi**ons
elles/ils	envo**i**ent		elles/ils	envo**y**aient
faire (machen)				
je	fais	j'ai fait	je	faisais
nous faisons, vous **faites**			nous	faisions
elles/ils	font		elles/ils	faisaient
falloir (müssen, brauchen)				
il	faut	il a fallu	il	fallait
lire (lesen)				
je	lis	j'ai lu	je	lisais
nous	lisons		nous	lisions
elles/ils	lisent		elles/ils	lisaient
mettre (setzen, stellen, legen)				
je	mets	j'ai mis	je	mettais
nous	mettons		nous	mettions
elles/ils	mettent		elles/ils	mettaient

futur	subjonctif	présent	ebenso
j'écrirai	que j' que nous qu'elles/ils	écrive écrivions écrivent	
j'**enverrai**	que j' que nous qu'elles/ils	envo**i**e envo**yi**ons envo**i**ent	
je **ferai**	que je que nous qu'elles/ils	**fasse** fassions fassent	
il faudra	qu'il	faille	
je lirai	que je que nous qu'elles/ils	lise lisions lisent	dire (sagen); aber: vous dites; j'ai dit (passé composé)
je mettrai	que je que nous qu'elles/ils	mette mettions mettent	remettre (zurücksetzen, -stellen, -legen)

présent		passé composé	imparfait	
mourir (sterben)				
je	meurs	je suis mort,e	je	mourais
nous	m**ou**rons		nous	mourions
elles/ils	meurent		elles/ils	mouraient
naître (geboren werden, entstehen)				
je nais, elle/il naît		je suis né,e	je	naissais
nous	naissons		nous	naissions
elles/ils	naissent		elles/ils	naissaient
offrir (anbieten)				
j'	offre	j'ai offert	j'	offrais
nous	offrons		nous	offrions
elles/ils	offrent		elles/ils	offraient
ouvrir (öffnen)				
j'	ouvre	j'ai ouvert	j'	ouvrais
nous	ouvrons		nous	ouvrions
elles/ils	ouvrent		elles/ils	ouvraient
plaire (gefallen)				
je plais, il plaît		j'ai plu	je	plaisais
nous	plaisons		nous	plaisions
elles/ils	plaisent		elles/ils	plaisaient
pleuvoir (regnen)				
il	pleut	il a plu	il	pleuvait

futur	subjonctif	présent	ebenso
je **mourrai**	que je que nous qu'elles/ils	meure m**ou**rions meurent	
je naîtrai	que je que nous qu'elles/ils	naisse naissions naissent	
j'offrirai	que j' que nous qu'elles/ils	offre offrions offrent	
j'ouvrirai	que j' que nous qu'elles/ils	ouvre ouvrions ouvrent	couvrir (bedecken) découvrir (aufdecken)
je plairai	que je que nous qu'elles/ils	plaise plaisions plaisent	
il **pleuvra**	qu'il	pleuve	

présent		passé composé	imparfait	
pouvoir (können)				
je	peux	j'ai pu	je	pouvais
nous	p**ou**vons		nous	pouvions
elles/ils	peuvent		elles/ils	pouvaient
prendre (nehmen)				
je	prends	j'ai pris	je	prenais
nous	pre**n**ons		nous	prenions
elles/ils	pre**nn**ent		elles/ils	prenaient
recevoir (erhalten, empfangen)				
je	re**ç**ois	j'ai re**ç**u	je	recevais
nous	recevons		nous	recevions
elles/ils	re**ç**oivent		elles/ils	recevaient
rire (lachen)				
je	ris	j'ai ri	je	riais
nous	rions		nous	r**ii**ons
elles/ils	rient		elles/ils	riaient
savoir (wissen, können)				
je	sais	j'ai su	je	savais
nous	savons		nous	savions
elles/ils	savent		elles/ils	savaient
suivre (folgen)				
je	suis	j'ai suivi	je	suivais
nous	suivons		nous	suivions
elles/ils	suivent		elles/ils	suivaient

futur	subjonctif	présent	ebenso
je pourrai	que je que nous qu'elles/ils	puisse puissions puissent	
je prendrai	que je que nous qu'elles/ils	pre**nn**e pre**n**ions pre**nn**ent	apprendre (lernen) comprendre (verstehen)
je recevrai	que je que nous qu'elles/ils	re**ç**oive recevions re**ç**oivent	decevoir (enttäuschen) percevoir (bemerken)
je rirai	que je que nous qu'elles/ils	rie r**ii**ons rient	sourire (lächeln)
je **saurai**	que je que nous qu'elles/ils	**sache** sachions sachent	
je suivrai	que je que nous qu'elles/ils	suive suivions suivent	

présent		passé composé	imparfait	
tenir (halten)				
je	tiens	j'ai tenu	je	tenais
nous	tenons		nous	tenions
elles/ils	tie**nn**ent		elles/ils	tenaient
valoir (wert sein)				
je vaux, il vaut		j'ai valu	je	valais
nous	valons		nous	valions
elles/ils	valent		elles/ils	valaient
venir (kommen)				
je	viens	je suis venu,e	je	venais
nous	venons		nous	venions
elles/ils	vie**nn**ent		elles/ils	venaient
vivre (leben)				
je	vis	j'ai vécu	je	vivais
nous	vivons		nous	vivions
elles/ils	vivent		elles/ils	vivaient
voir (sehen)				
je	vois	j'ai vu	je	vo**y**ais
nous	voyons		nous	vo**yi**ons
elles/ils	voient		elles/ils	vo**y**aient
vouloir (wollen)				
je	veux	j'ai voulu	je	voulais
nous	voulons		nous	voulions
elles/ils	veulent		elles/ils	voulaient

futur	subjonctif	présent	ebenso
je **tiendrai**	que je que nous qu'elles/ils	tienne **ten**ions tiennent	
je vaudrai	que je que nous qu'elles/ils	vaille valions vaillent	
je **viendrai**	que je que nous qu'elles/ils	vienne **ven**ions viennent	devenir (werden) revenir (zurückkommen) se souvenir (sich erinnern)
je vivrai	que je que nous qu'elles/ils	vive vivions vivent	
je **verrai**	que je que nous qu'elles/ils	voie vo**y**ions voient	revoir (wiedersehen)
je voudrai	que je que nous qu'elles/ils	veuille **voul**ions **veuill**ent	

Stichwortverzeichnis